나의 다짐

나 _____ 은/는
앞으로 4주 동안
매일 글씨 쓰기 연습을
열심히 하겠습니다.

사인 _____

가족의 응원 한마디

친구의 응원 한마디

4주 완성, 초등 글씨 교정 훈련

고학년 바른 글씨

길벗스쿨

4주 완성, 초등 글씨 교정 훈련

고학년 바른글씨

초판 발행 · 2019년 7월 1일
개정 1쇄 발행 · 2025년 7월 14일

지은이 · 기적학습연구소
발행인 · 이종원
발행처 · (주)길벗스쿨
출판사 등록일 · 2025년 5월 28일
주소 · 서울시 마포구 월드컵로 10길 56(서교동)
대표 전화 · 02)332-0931 | **팩스** · 02)333-5409
홈페이지 · www.gilbutschool.co.kr | **이메일** · gilbut@gilbut.co.kr

책임 편집 · 김정현 | **편집 진행** · 이경은
제작 · 이준호, 손일순, 이진혁 | **영업마케팅** · 문세연, 박선경, 구혜지, 박다슬 | **웹마케팅** · 박달님, 이재윤, 이지수, 나혜연
영업관리 · 김명자, 정경화 | **독자지원** · 윤정아
디자인 · (주)더다츠 | **전산편집** · 그리드 | **삽화** · 최정미
인쇄 · 교보피앤비 | **제본** · 신정문화사

▶ 이 책은 저작권법의 보호를 받는 저작물로 이 책에 실린 모든 내용, 디자인, 이미지, 편집 구성은 허락 없이 복제하거나
  다른 매체에 옮겨 실을 수 없습니다.
▶ 인공지능(AI) 기술 또는 시스템을 훈련하기 위해 이 책의 전체 내용은 물론 일부 문장도 사용하는 것을 금지합니다.
▶ 잘못 만든 책은 구입한 서점에서 바꿔 드립니다.

ISBN 979-11-7467-009-0 73640(길벗스쿨 도서번호 11065)
정가 14,000원

독자의 1초를 아껴주는 정성 길벗출판사

(주)길벗스쿨 | 국어학습서, 수학학습서, 영어학습서, 유아동 단행본
(주)도서출판 길벗 | IT단행본&교재, 성인어학, 교과서, 수험서, 경제경영, 교양, 자녀교육, 취미실용

머리말을 대신하는 이야기

"제발 알아보게만 썼으면 좋겠어요!"
"자기 글씨를 본인이 못 알아봐요!"
"글씨를 해독해야 하는 수준에 이르렀어요!"

이 책을 준비하면서 듣게 된 여러분 부모님의 고민이에요. 글씨를 잘 쓰라는 부모님의 잔소리, 한 번쯤 들어 본 적 있지요? 우리 친구들은 부모님의 고민이 이해가 안 갈지도 몰라요. 키보드와 스마트폰 위로 손가락만 타닥타닥 두들기면 쉽게 글이 써지는 스마트한 세상에 살고 있으니까요. 하지만 여러분은 학생이기 때문에 글씨 쓰는 것에서 벗어날 수 없어요. 글씨를 잘 써야 공부도 잘한다는 부모님, 선생님의 말씀은 절대 틀린 말이 아니에요. 늘 해야만 하고, 잘하는 게 좋다면 글씨 잔소리를 듣지 않도록 우리가 한번 노력해 볼 수 있지 않을까요?

이제 막 연필을 잡기 시작한 저학년 친구들은 지금 글씨 쓰는 습관을 잡아야 해요. 그래야 계속 잘 쓸 수 있어요. 우선 연필을 바르게 잡고, 자세도 바르게 하세요. 손과 팔이 조금 아프겠지만 한 글자 한 글자 또박또박 쓰는 연습을 꾸준히 하다 보면 집중력과 끈기가 생겨난답니다. 매일 조금씩 달라지는 내 글씨를 보면 뿌듯한 마음이 들어서 더 잘 쓰고 싶은 욕심도 생길 거예요.

자기가 쓴 글씨를 못 알아봐서 웃픈 상황에 빠진 고학년 친구들이라면 지금 당장 글씨 연습을 시작해야 합니다. 시험지에 적은 내 글씨를 선생님께서 못 알아본다고 생각해 보세요. 너무 끔찍하지 않나요? 학년이 올라갈수록 수업 때 배운 내용을 스스로 요약·정리해 보는 시간, 내 생각을 글씨로 표현하는 시간도 점점 많아질 겁니다. 삐뚤빼뚤한 내 글씨를 지금 바로잡지 않으면 나중에 더 난처한 상황에 빠질 수 있다는 것을 명심하세요.

기적학습연구소에서는 어떻게 하면 여러분이 쉽고 효율적으로 글씨 연습을 할 수 있을까 고민했어요. 글씨 쓰기가 손 아픈 노동이 되지 않기를 바라는 마음에서 여러분의 공부에 도움이 될 만한 낱말과 필수 문장을 서너 번 연습할 수 있게 구성했어요. 꼭 많이 쓰지 않아도 돼요. 한 번을 써도 천천히 또박또박 쓰려는 마음으로 써 보세요.

이 책으로 하루 10분, 4주 동안 연필을 바르게 잡고, 자세 똑바로 하고, 글씨를 써 보세요.
부모님의 글씨 잔소리가 사라질 거예요. 4주 후면 누구나 알아볼 수 있는 바른 글씨가 완성될 테니까요.

그럼 이제 글씨 쓰기를 시작해 볼까요?

2019년 7월
기적학습연구소

이 책의 구성과 특징

1 저학년용, 고학년용 2권으로 구성되어 있어 학년에 맞게 글씨 연습을 할 수 있습니다.

저학년용
글씨 쓰기를 시작하는 1~2학년 친구들에게 추천해요!

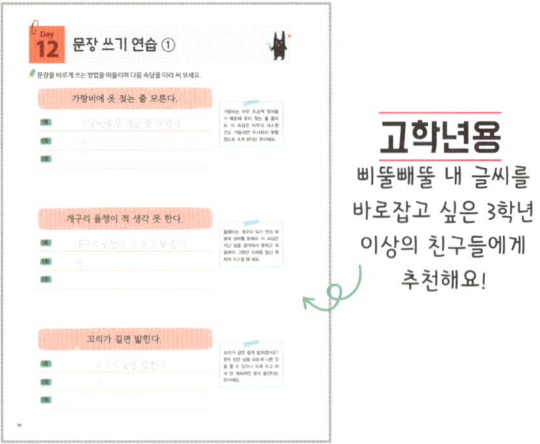

고학년용
삐뚤빼뚤 내 글씨를 바로잡고 싶은 3학년 이상의 친구들에게 추천해요!

《저학년 바른 글씨》는 글씨 쓰기의 기본을 다질 수 있도록 큰 글씨를 칸 공책에 쓰는 연습을 합니다. 그리고 교과서에 제시된 낱말을 수록하여 어휘력을 기를 수 있도록 구성하였습니다. 《고학년 바른 글씨》는 작은 글씨를 줄에 바르게 쓰는 연습을 합니다. 그 다음 관용 표현이나 속담, 주요 과목의 요점을 따라 쓰면서 교과 지식을 쌓을 수 있게 구성하였습니다.

2 큰 글씨에서 작은 글씨로, 덮어 쓰기 → 따라 쓰기 → 홀로 쓰기로 난이도를 높여 갑니다.

처음에는 칸에 큰 글씨로 쓰는 연습을 시작합니다. 큰 글씨로 연습하며 선이 반듯하게 그어졌는지, 자음과 모음의 위치가 바른지, 모양에 맞게 썼는지 스스로 파악한 후 점점 작아지는 칸, 줄에 글씨를 쓰며 본인에게 맞는 글씨 크기를 잡아 갑니다. 그리고 처음에는 글자 위에 그대로 덮어 쓰다가 그 글자를 빈칸, 빈 줄에 따라 쓰는 연습을 합니다. 덮어 쓰기와 따라 쓰기로 연습한 다음 나의 글씨로 홀로 쓰기를 하며 글씨 연습을 마무리합니다.

③ 학생들이 연습하기에 효과적인 고딕체로 글씨 연습을 합니다.

명조(궁서)체 　　　고딕체

학교에서는 명조(궁서)체로 글씨 연습을 합니다. 명조(궁서)체는 선이 맑고 부드러운 느낌을 주지만 처음 글씨 연습을 하는 학생들은 어렵고 힘들다고 느낄 수 있습니다. 특정 자음과 모음의 획수가 달라 보이고, 가로획과 세로획을 꺾어 쓰기 때문입니다. 이에 반해 고딕체는 반듯한 느낌의 서체로 학생들이 자음, 모음의 정확한 모양과 순서를 익히기에 적절합니다. 그래서 이 책에서는 고딕체로 글씨를 연습합니다.

④ 하루 10분, 4쪽씩 꾸준히 연습하면 4주 만에 바른 글씨를 완성할 수 있습니다.

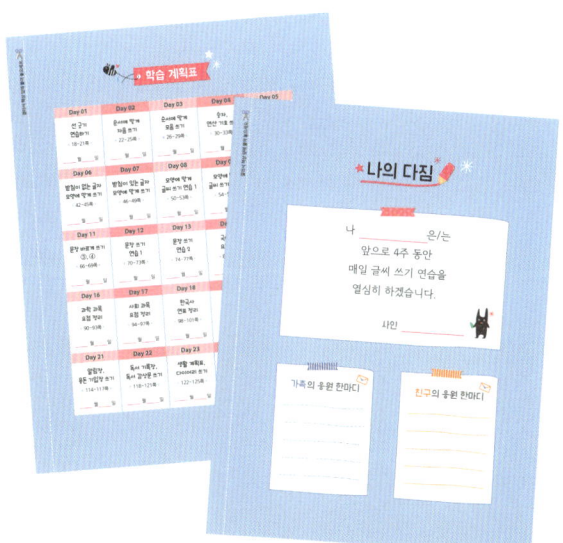

매일 4쪽씩만 연습해 보세요. '나의 다짐'과 '학습 계획표'를 뜯어 책상 위에 붙여 놓고 매일 체크하며 글씨 쓰는 습관을 잡아 가세요. 꾸준히, 정성껏, 차근차근 쓴다면 달라진 여러분의 글씨를 만날 수 있어요.

이 책의 활용

《고학년 바른 글씨》는 '준비 → 연습 → 실전' 3단계로 글씨 쓰기 연습을 합니다.

✔ 준비 단계 글씨를 잘 쓰기 위한 준비 운동을 합니다.

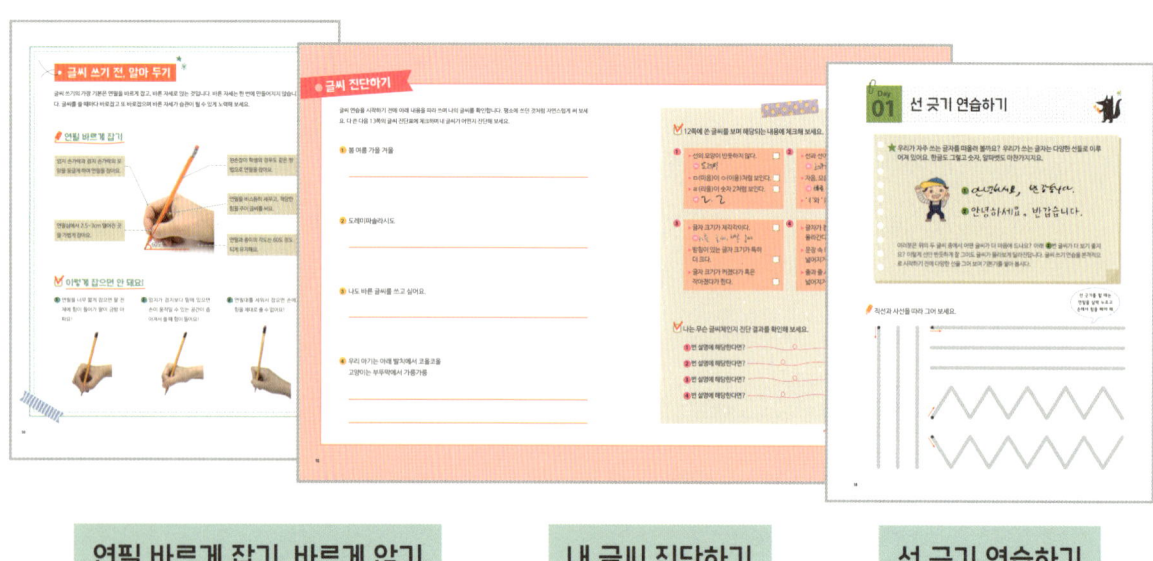

연필 바르게 잡기, 바르게 앉기   내 글씨 진단하기   선 긋기 연습하기

✔ 연습 단계 본격적인 글씨, 문장 쓰기 연습을 합니다.

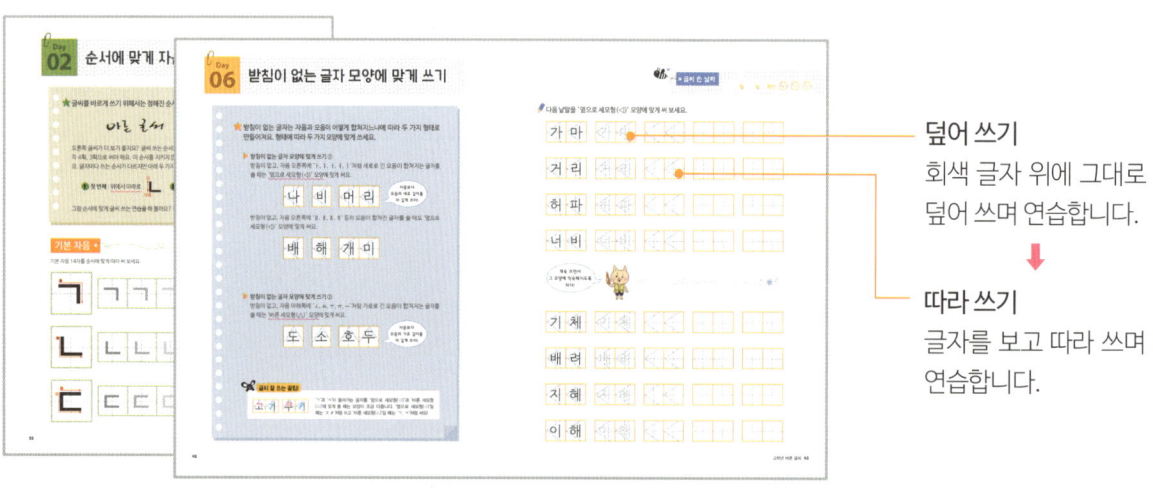

순서에 맞게 글씨 쓰기   모양에 맞게 글씨 쓰기

덮어 쓰기
회색 글자 위에 그대로 덮어 쓰며 연습합니다.

따라 쓰기
글자를 보고 따라 쓰며 연습합니다.

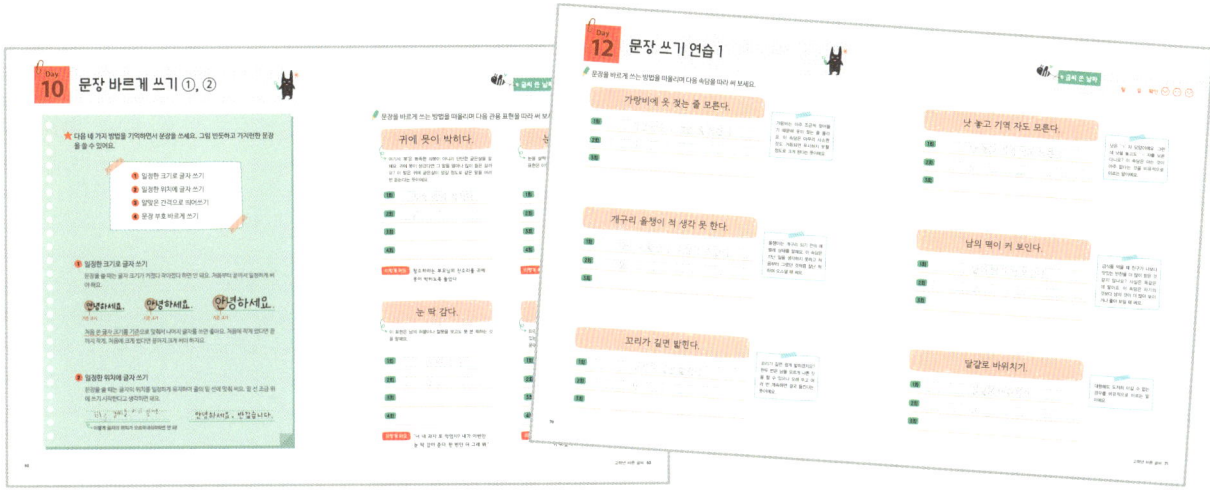

반듯하게 문장 쓰기

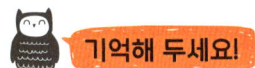 글씨를 쓸 때 기억하고 주의해야 할 점들을 보여 줍니다.

 글씨를 잘 쓰는 비법을 알려 줍니다.

✅ 실전 단계 다양한 글을 써 보며 배운 것을 적용해 봅니다.

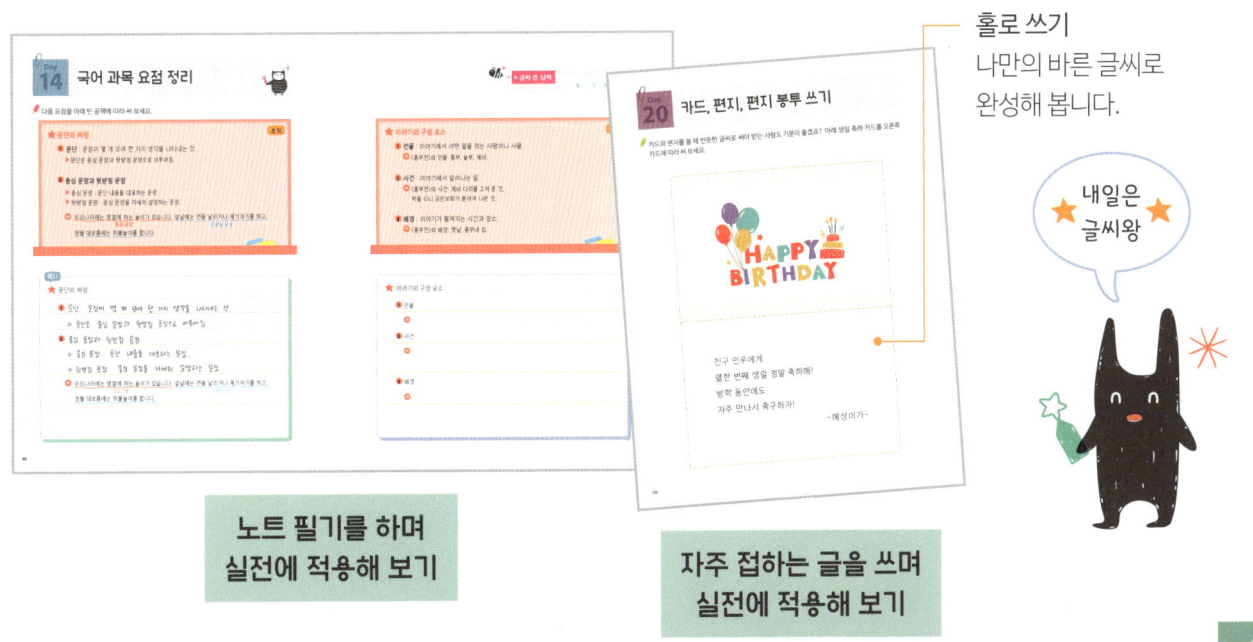

홀로 쓰기
나만의 바른 글씨로 완성해 봅니다.

노트 필기를 하며 실전에 적용해 보기

자주 접하는 글을 쓰며 실전에 적용해 보기

내일은 글씨왕

 **차례**

▶ 글씨 쓰기 전, 알아 두기 ——— 10~11
▶ 글씨 진단하기, 글씨 처방 받기 ——— 12~15

1단원 글씨 쓰기 준비 운동

▶ **Day01** 선 긋기 연습하기 ——— 18
▶ **Day02** 순서에 맞게 자음 쓰기 ——— 22
▶ **Day03** 순서에 맞게 모음 쓰기 ——— 26
▶ **Day04** 숫자, 연산 기호 쓰기 ——— 30
▶ **Day05** 알파벳, 단위 쓰기 ——— 34
쉬어가기 스트레칭

2단원 모양에 맞게 글씨 쓰기

▶ **Day06** 받침이 없는 글자 모양에 맞게 쓰기 ——— 42
▶ **Day07** 받침이 있는 글자 모양에 맞게 쓰기 ——— 46
▶ **Day08** 모양에 맞게 글씨 쓰기 연습 1 ——— 50
▶ **Day09** 모양에 맞게 글씨 쓰기 연습 2 ——— 54
쉬어가기 스트레칭

3단원 반듯반듯! 문장 쓰기

- **Day10** 문장 바르게 쓰기 ①, ② — 62
- **Day11** 문장 바르게 쓰기 ③, ④ — 66
- **Day12** 문장 쓰기 연습 1 — 70
- **Day13** 문장 쓰기 연습 2 — 74
- 쉬어가기 스트레칭

4단원 성적이 쑥! 교과 과목 요점 정리

- **Day14** 국어 과목 요점 정리 — 82
- **Day15** 수학 과목 요점 정리 — 86
- **Day16** 과학 과목 요점 정리 — 90
- **Day17** 사회 과목 요점 정리 — 94
- **Day18** 한국사 연표 정리 — 98
- 쉬어가기 스트레칭

5단원 실전 돌입! 일상생활 속 글씨 쓰기

- **Day19** 이름표, 메모지 쓰기 — 106
- **Day20** 카드, 편지, 편지 봉투 쓰기 — 110
- **Day21** 알림장, 용돈 기입장 쓰기 — 114
- **Day22** 독서 기록장, 독서 감상문 쓰기 — 118
- **Day23** 생활 계획표, 다이어리 쓰기 — 122

글씨 쓰기 전, 알아 두기

글씨 쓰기의 가장 기본은 연필을 바르게 잡고, 바른 자세로 앉는 것입니다. 바른 자세는 한 번에 만들어지지 않습니다. 글씨를 쓸 때마다 바로잡고 또 바로잡으며 바른 자세가 습관이 될 수 있게 노력해 보세요.

연필 바르게 잡기

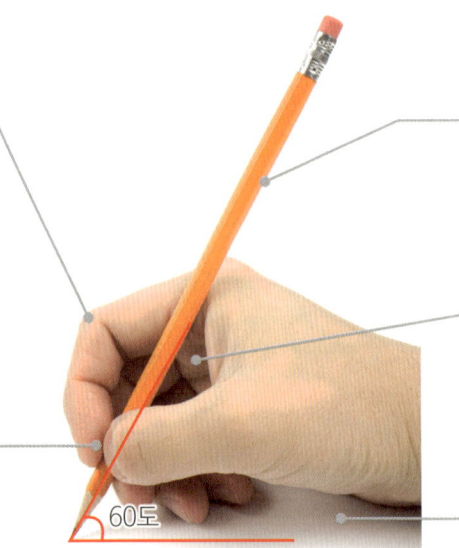

- 엄지 손가락과 검지 손가락의 모양을 둥글게 하여 연필을 잡아요.
- 왼손잡이 학생의 경우도 같은 방법으로 연필을 잡아요.
- 연필을 비스듬히 세우고, 적당한 힘을 주어 글씨를 써요.
- 연필심에서 2.5~3cm 떨어진 곳을 가볍게 잡아요.
- 연필과 종이의 각도는 60도 정도 되게 유지해요.

이렇게 잡으면 안 돼요!

① 연필을 너무 짧게 잡으면 팔 전체에 힘이 들어가 팔이 금방 아파요!

② 엄지가 검지보다 밑에 있으면 손이 움직일 수 있는 공간이 좁아져서 쓸 때 힘이 들어요!

③ 연필대를 세워서 잡으면 손에 힘을 제대로 줄 수 없어요!

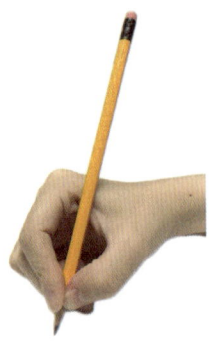 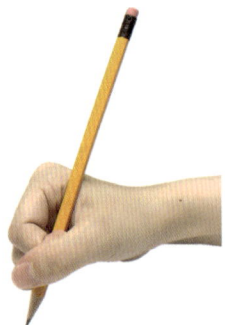 

바르게 앉기

고개를 살짝 숙이고, 눈과 종이의 간격을 약 30~40cm 정도로 유지해요.

두 팔을 자연스럽게 책상 위에 올려놓고, 왼쪽 팔꿈치는 공책이나 종이가 움직이지 않도록 살며시 눌러요.

의자에 앉을 때 의자 등받이와 등 사이에 주먹 하나가 들어갈 정도로 당겨 앉고, 허리를 곧게 펴요.

키에 맞는 책상과 의자에 앉아요. 두 발이 바닥에 닿도록 해요.

주먹 크기만큼 책상과 떨어져 앉아요.

이렇게 앉으면 안 돼요!

1. 허리를 구부리거나 엎드려서 글씨를 쓰면 손에 힘을 더 주게 되어 어깨가 아파요!
2. 종이를 너무 가까이에 두고 글씨를 쓰면 문장이 삐뚤빼뚤해져요!
3. 종이를 기울여 놓고 쓰면 안 돼요! 그럼 글씨가 삐뚤어지거나 점점 올라가요!

왼손잡이는 어떻게 하죠?

왼손잡이 학생은 글씨를 써 나갈 때 자신이 쓴 글자가 보이지 않습니다. 그렇기 때문에 글씨를 바르게 썼는지 확인할 수 있는 시간을 충분히 가져야 합니다.

글씨 진단하기

글씨 연습을 시작하기 전에 아래 내용을 따라 쓰며 나의 글씨를 확인합니다. 평소에 쓰던 것처럼 자연스럽게 써 보세요. 다 쓴 다음 13쪽의 글씨 진단표에 체크하며 내 글씨가 어떤지 진단해 보세요.

1 봄 여름 가을 겨울

_____

2 도레미파솔라시도

_____

3 나도 바른 글씨를 쓰고 싶어요.

_____

4 우리 아기는 아래 발치에서 코올코올
　　고양이는 부뚜막에서 가릉가릉

_____

_____

✅ 12쪽에 쓴 글씨를 보며 해당되는 내용에 체크해 보세요.

①
- ▶ 선의 모양이 반듯하지 않다. ☐
  - 예 소레미
- ▶ ㅁ(미음)이 ㅇ(이응)처럼 보인다. ☐
- ▶ ㄹ(리을)이 숫자 2처럼 보인다. ☐
  - 예 2, 2

②
- ▶ 선과 선이 겹쳐져 있다. ☐
  - 예 바론
- ▶ 자음, 모음, 받침이 바짝 붙어 있다. ☐
  - 예 바론 글씨를
- ▶ 'ㅕ'와 'ㅑ'가 비슷해 보인다. ☐

③
- ▶ 글자 크기가 제각각이다. ☐
  - 예 바른 글씨, 바른 글씨
- ▶ 받침이 있는 글자 크기가 특히 더 크다. ☐
- ▶ 글자 크기가 커졌다가 혹은 작아졌다가 한다. ☐

④
- ▶ 글자가 점점 내려가거나 점점 올라간다. ☐
- ▶ 문장 속 띄어쓰기 간격이 점점 넓어지거나 좁아진다. ☐
- ▶ 줄과 줄 사이의 간격이 점점 넓어지거나 좁아진다. ☐

✅ 나는 무슨 글씨체인지 진단 결과를 확인해 보세요.

- **①** 번 설명에 해당한다면? → **꿈틀꿈틀 지렁이체**
- **②** 번 설명에 해당한다면? → **따닥따닥 겹쳐겹쳐체**
- **③** 번 설명에 해당한다면? → **들쭉날쭉 커져작아져체**
- **④** 번 설명에 해당한다면? → **이리저리 오르락내리락체**

▶ 다음 페이지에서 내 글씨에 대한 처방을 받아 보세요.

글씨 처방 받기

여러분의 글씨체에 맞는 처방이 무엇인지 확인해 봅시다. 처방전에 따라 열심히 글씨 연습을 해서 누구나 알아볼 수 있는 바른 글씨를 완성해 보세요!

1 꿈틀꿈틀 지렁이체

> 놀라시도?
> 솔라시도?

> 'ㄹ'과 'ㅍ'을
> 한 번에 썼어!

➡ 글씨를 흘려 쓰지 마세요. 빨리 쓰려는 마음을 버리고 한 획 한 획 순서에 맞게 써야 합니다.
1단원 '순서에 맞게 자음, 모음 쓰기' 연습을 집중적으로 합니다.

2 따닥따닥 겹쳐겹쳐체

> 선과 선이
> 깔끔하게 연결되지
> 않고 겹쳐져 있어!

> '습'과 '를'을 쓸 때
> 선을 겹쳐 써서 보기
> 좋지 않아!

➡ 선을 반듯하게 일직선으로 그어야 합니다. 또 선과 선을 끝까지 연결해서 긋고 겹쳐 쓰지 않도록 노력해야 합니다. 1단원 '선 긋기 연습하기'에서 깔끔하게 선을 긋는 연습을 해 봅시다.

❸ 들쭉날쭉 커져작아져체

> 받침이 있는 글자의 크기가 받침이 없는 글자에 비해 많이 커!

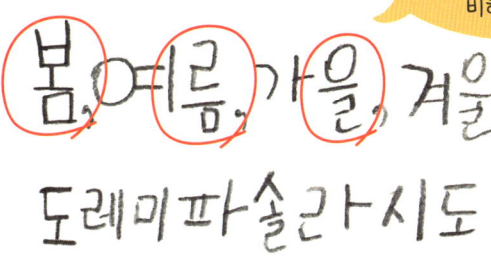

➡ 글자 크기를 일정하게 써야 합니다. 2단원 '모양에 맞게 글씨 쓰기'에서 네 가지 모양에 맞게 글자를 쓰는 연습을 하고, 3단원 '반듯반듯! 문장 쓰기'에서 일정한 크기로 문장을 쓰는 연습을 더 열심히 합니다.

❹ 이리저리 오르락내리락체

> 글자 위치가 점점 올라가고 있어!

> 글씨 위치가 점점 올라갔다가 다시 내려왔네!

➡ 문장을 쓸 때 일정한 위치에 써야 합니다. 3단원 '반듯반듯! 문장 쓰기'에 제시된 안내선에 맞게 문장을 쓰다가 점점 안내선 없이 쓰는 연습을 열심히 합니다.

1단원

글씨 쓰기 준비 운동

친구들, 글씨 쓰기 준비 운동을 시작해 보자!

학습 내용

글씨 쓰기 전에 준비 운동을 해 봅시다. 먼저 다양한 선 긋기를 하면서 글씨 쓰기의 기본을 다집니다. 그 다음에는 한글의 자음과 모음, 숫자와 알파벳을 순서에 맞게 쓰는 연습을 합니다.

잘 쓰고 싶은 마음에 하루에 많은 양을 하면 안 돼요. 매일매일 조금씩 천천히 연습을 해야만 지치지 않고 꾸준히 해낼 수 있답니다. 그럼 준비 운동을 하며 기본기를 다져 봅시다!

학습 목차

- **Day01** 선 긋기 연습하기
- **Day02** 순서에 맞게 자음 쓰기
- **Day03** 순서에 맞게 모음 쓰기
- **Day04** 숫자, 연산 기호 쓰기
- **Day05** 알파벳, 단위 쓰기
- 쉬어가기 스트레칭

Day 01 선 긋기 연습하기

★ 우리가 자주 쓰는 글자를 떠올려 볼까요? 우리가 쓰는 글자는 다양한 선들로 이루어져 있어요. 한글도 그렇고 숫자, 알파벳도 마찬가지지요.

① 안녕하세요, 반갑습니다.
② 안녕하세요, 반갑습니다.

여러분은 위의 두 글씨 중에서 어떤 글씨가 더 마음에 드나요? 아래 ②번 글씨가 더 보기 좋지요? 이렇게 선만 반듯하게 잘 그어도 글씨가 몰라보게 달라진답니다. 글씨 쓰기 연습을 본격적으로 시작하기 전에 다양한 선을 그어 보며 기본기를 쌓아 봅시다.

✏️ 직선과 사선을 따라 그어 보세요.

> 선 긋기를 할 때는 연필을 살짝 누르고 손에서 힘을 빼야 해.

 글씨 쓴 날짜

월　　일　확인

✏️ 칸 안에 선 긋기 연습을 해요. 칸을 벗어나지 않도록 주의해서 그어 보세요.

 기억해 두세요!

'운필력'은 필기구를 손에 쥐고 글씨를 쓰거나 그림을 그리는 힘을 말해요. 다양한 모양의 선과 도형을 그리는 연습은 운필력을 기르는 데 큰 도움이 된답니다.

고학년 바른 글씨 **19**

곡선과 원을 따라 그어 보세요.

✏️ 칸 안에 선 긋기와 원 그리기 연습을 해요. 칸을 벗어나지 않도록 주의해서 그어 보세요.

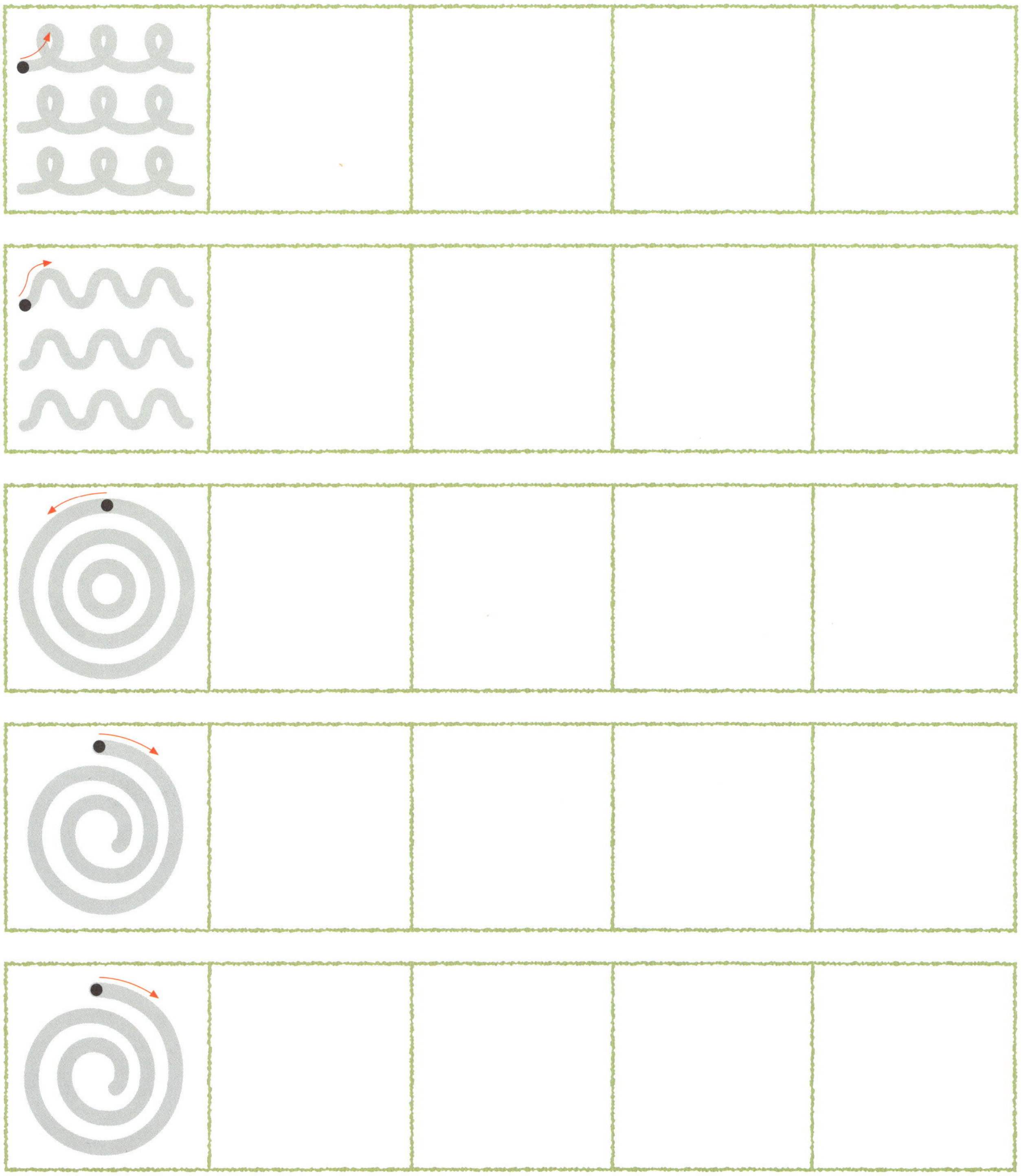

🦉 **기억해 두세요!**

곡선과 원을 그리는 연습은 한글 자음 중에서 'ㅇ(이응)', 'ㅎ(히읗)' 그리고 숫자와 알파벳을 쓸 때 도움이 돼요.

Day 02 순서에 맞게 자음 쓰기

★ 글씨를 바르게 쓰기 위해서는 정해진 순서를 지켜야 해요.

바른 글씨   바른 글씨

오른쪽 글씨가 더 보기 좋지요? 글씨 쓰는 순서를 지켜 썼기 때문이에요. 'ㅂ'과 'ㄹ'을 쓸 때는 각각 4획, 3획으로 써야 해요. 이 순서를 지키지 않고 쓰면 반듯해 보이지 않고, 알아보기도 힘들지요. 글자마다 쓰는 순서가 다르지만 아래 두 가지 규칙을 지키면 된답니다.

1. 첫 번째 : 위에서 아래로
2. 두 번째 : 왼쪽에서 오른쪽으로

그럼 순서에 맞게 글씨 쓰는 연습을 해 볼까요? 한글 자음 먼저 시작해요!

기본 자음

직선으로만 이루어진 자음을 먼저 쓰고, 그 다음에 비스듬한 선, 둥근 선, 원이 들어간 자음을 쓸 거야!

기본 자음 14자를 순서에 맞게 따라 써 보세요.

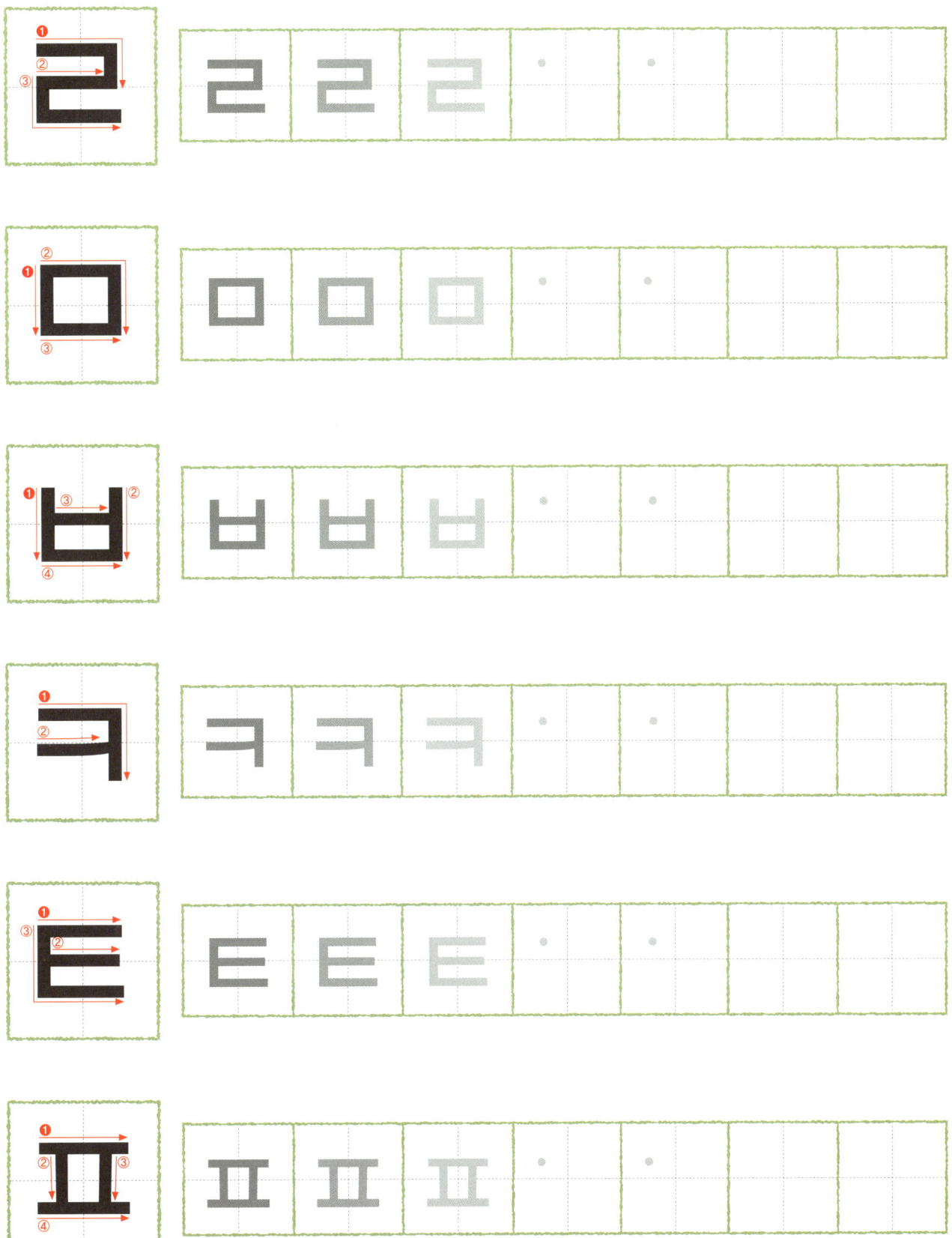

여기서부터는 사선이 들어간 자음을 연습할 거야!

| ㅅ | ㅅ | ㅅ | ㅅ | | | | |

| ㅈ | ㅈ | ㅈ | ㅈ | | | | |

| ㅊ | ㅊ | ㅊ | ㅊ | | | | |

이번에는 원이 들어간 자음을 연습해 보자!

| ㅇ | ㅇ | ㅇ | ㅇ | | | | |

| ㅎ | ㅎ | ㅎ | ㅎ | | | | |

쌍자음

쌍자음은 똑같은 자음을 두 개씩 붙여서 만든 글자예요. 쌍자음을 쓸 때는 두 자음의 크기가 같아야 해요. 쌍자음을 순서에 맞지 않게 쓰는 친구들이 많은데 반드시 정해진 순서대로 써야 해요.

 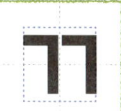

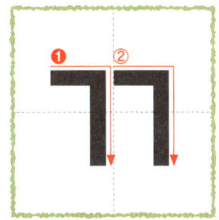 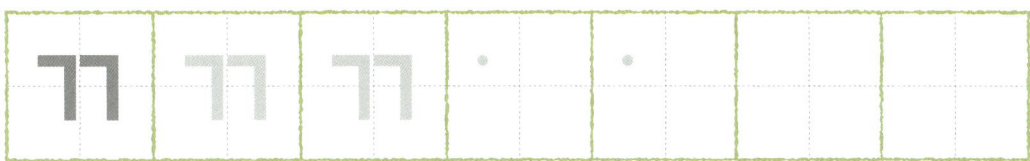

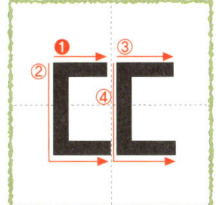 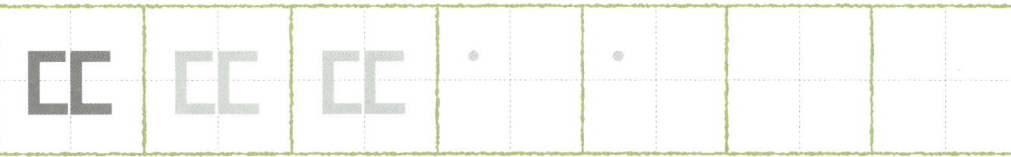

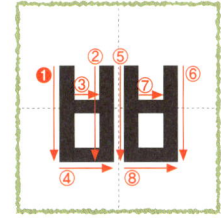 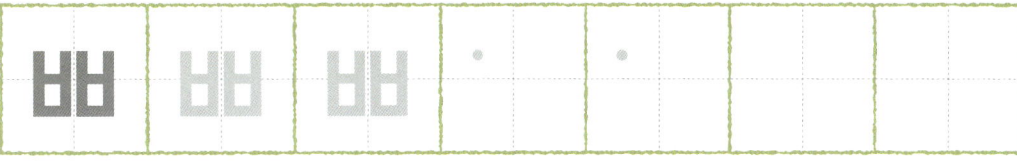

순서에 맞게 모음 쓰기

★ 모음을 쓸 때도 두 가지 규칙에 맞게 써요.

1. 첫 번째 : 위에서 아래로
2. 두 번째 : 왼쪽에서 오른쪽으로

기본 모음

앞에서 연습한 자음을 넣어서 써 보자.

기본 모음 10자를 순서에 맞게 따라 써 보세요.

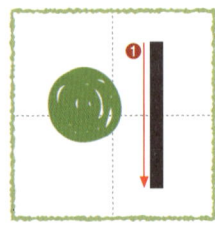
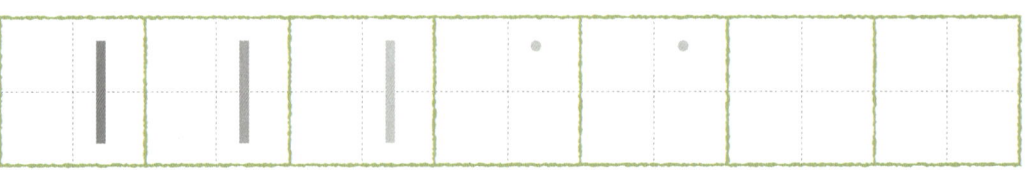

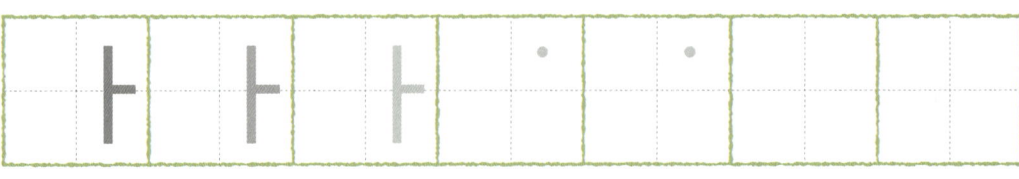

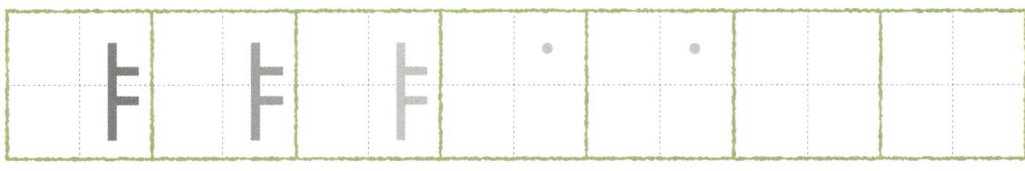

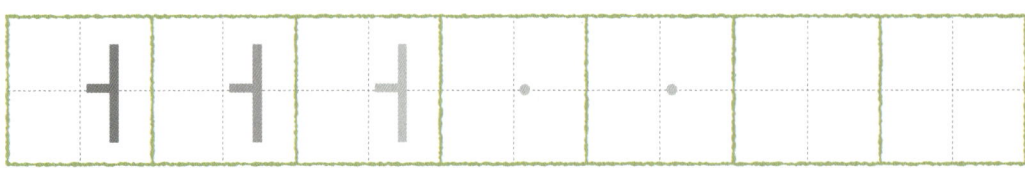

 글씨 쓴 날짜

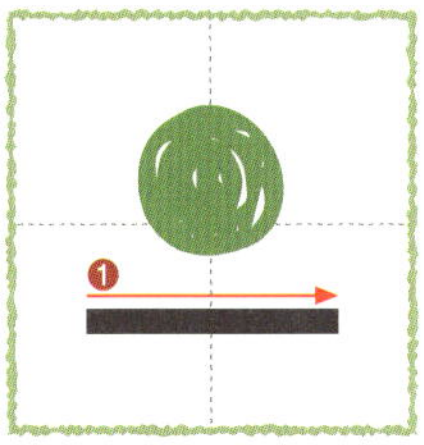

월   일   확인

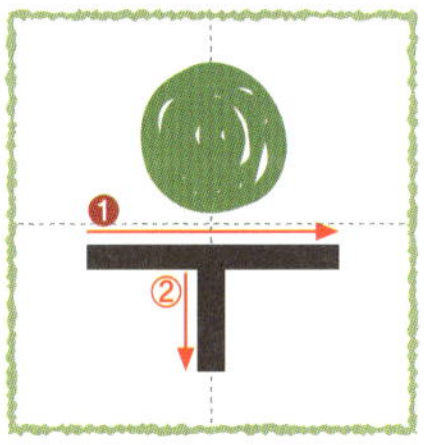

복잡한 모음

기본 모음을 모아서 만든 복잡한 모음 11자를 순서에 맞게 따라 써 보세요.

 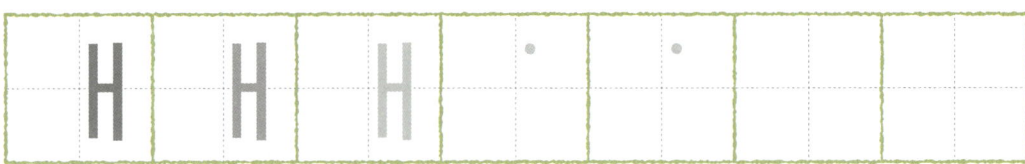

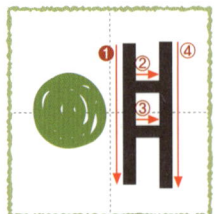 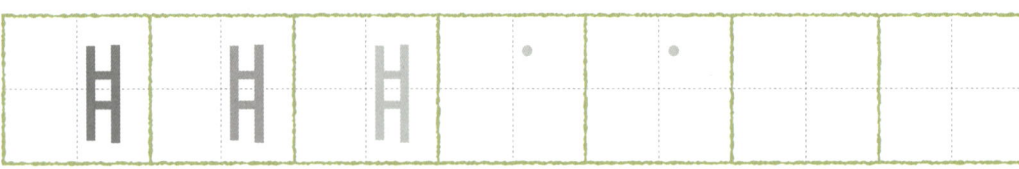

 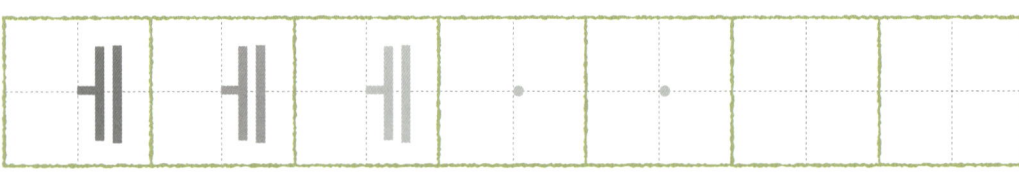

 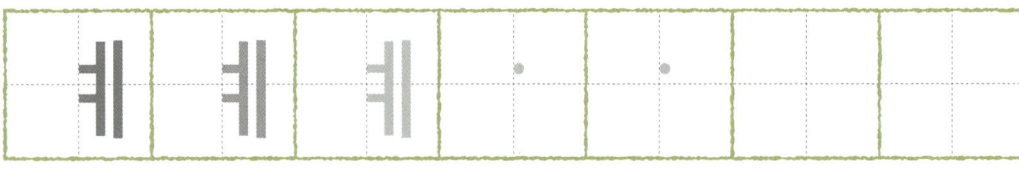

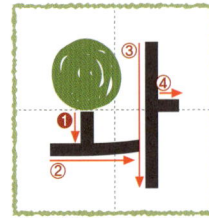 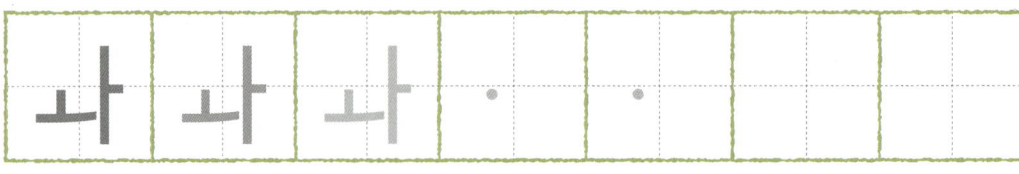

왜	ㅙ	ㅙ	ㅙ				
외	ㅚ	ㅚ	ㅚ				
워	ㅝ	ㅝ	ㅝ				
웨	ㅞ	ㅞ	ㅞ				
위	ㅟ	ㅟ	ㅟ				
의	ㅢ	ㅢ	ㅢ				

Day 04 숫자, 연산 기호 쓰기

★ **숫자를 쓸 때도 순서에 맞게 쓰도록 해요.**

숫자는 시간이나 금액을 표시할 때 많이 사용하기 때문에 정확하게 써야 해요.

> 몇 시까지 모이라는 거지?
>
> 내일 7시까지 학교 앞으로 모여.
>
> 1시? 7시?

숫자를 바르게 쓰지 않아 몇 시까지 모이라는 건지 정확하게 알 수 없군요. 숫자 '1'은 한 획으로 반듯하게 긋고, 숫자 '7'은 2획으로 나누어서 써야 해요. 그럼 숫자를 쓰는 순서를 알아보고 따라 써 봅시다.

✏️ 1부터 10까지의 숫자를 순서에 맞게 써 보세요.

1 | | | | 2

3   4

5   6

7   8

9   10

글씨 쓴 날짜

월　　일　확인

✏️ 10 이상의 수를 순서에 맞게 써 보세요.

10　10　10　10　　　20

30　　　　　　　　　40

50　　　　　　　　　60

70　　　　　　　　　80

90　　　　　　　　　100

1000　　　　　　　　10000

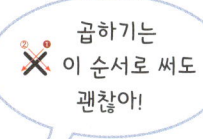
곱하기는 이 순서로 써도 괜찮아!

✏️ 다음 연산 기호를 따라 써 보세요.

✏️ 분수를 쓰는 방법을 알아보고 따라 써 보세요.

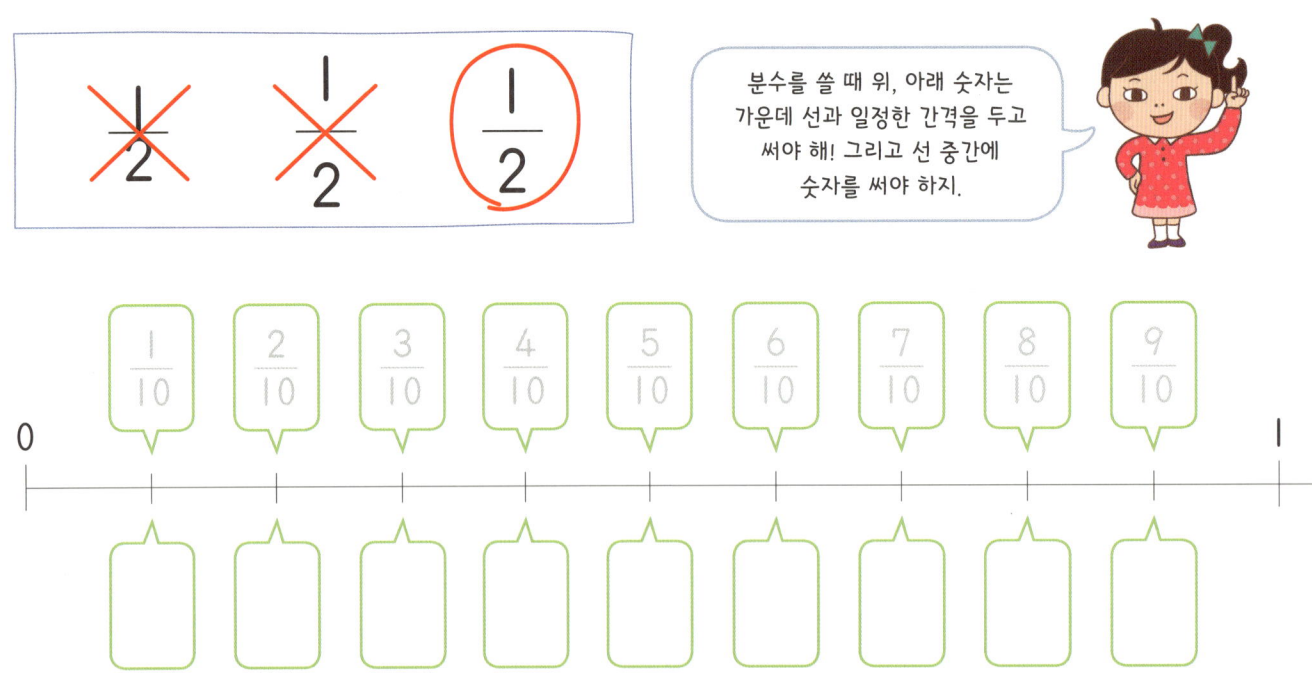

✏️ 소수를 쓰는 방법을 알아보고 따라 써 보세요.

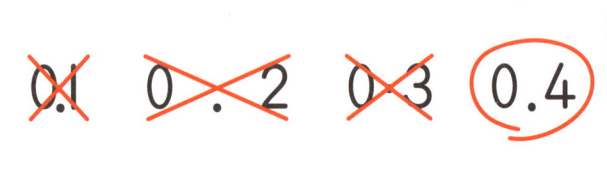

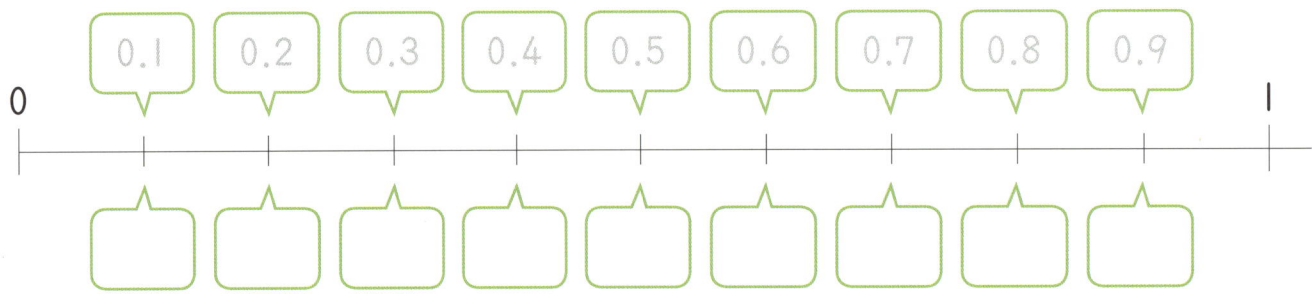

✏️ 다음 질문에 대답하면서 숫자를 써 보세요.

① 우리 집 우편번호를 알아보고 써 보세요.

_____

② 내가 태어난 년, 월, 일을 써 보세요.

　　　　　　　　　　년　　　　월　　　　일

③ 내 키와 몸무게를 써 보세요. 　💬 소수점까지 써 볼까?

키: 　　　　cm, 몸무게: 　　　　kg

④ 다음 달력은 몇 월 달력인지 쓰고 날짜도 채워 써 보세요. 💬 내 생일이나 가족 행사가 있으면 써 봐도 좋아!

　　　　　　　　　　　　　　　　　　　월

일요일	월요일	화요일	수요일	목요일	금요일	토요일
			1		3	
5		7	9		11	
어린이날			어버이날			
12		14	15	16		18
			스승의 날			
	20		22		24	
	성년의 날					
26		28			31	

Day 05 알파벳, 단위 쓰기

★ 알파벳은 직선, 사선, 곡선, 원의 형태로 이루어져 있어요. 알파벳은 곡선과 원의 형태로 이루어진 글자가 많아요.

직선 **E**   사선 **A**   곡선 **B**   원 **O**

알파벳을 공책에 쓸 때는 네 개의 선이 있는 줄에 써요. 소문자 중에는 빨간 선을 기준으로 아래로 내려가는 글자가 있으니 위치를 잘 기억해 두세요.

예) **Happy day!**

그럼 순서에 맞게 알파벳을 쓰는 연습을 해 봅시다.

✏️ 알파벳 대문자와 소문자를 순서에 맞게 써 보세요.

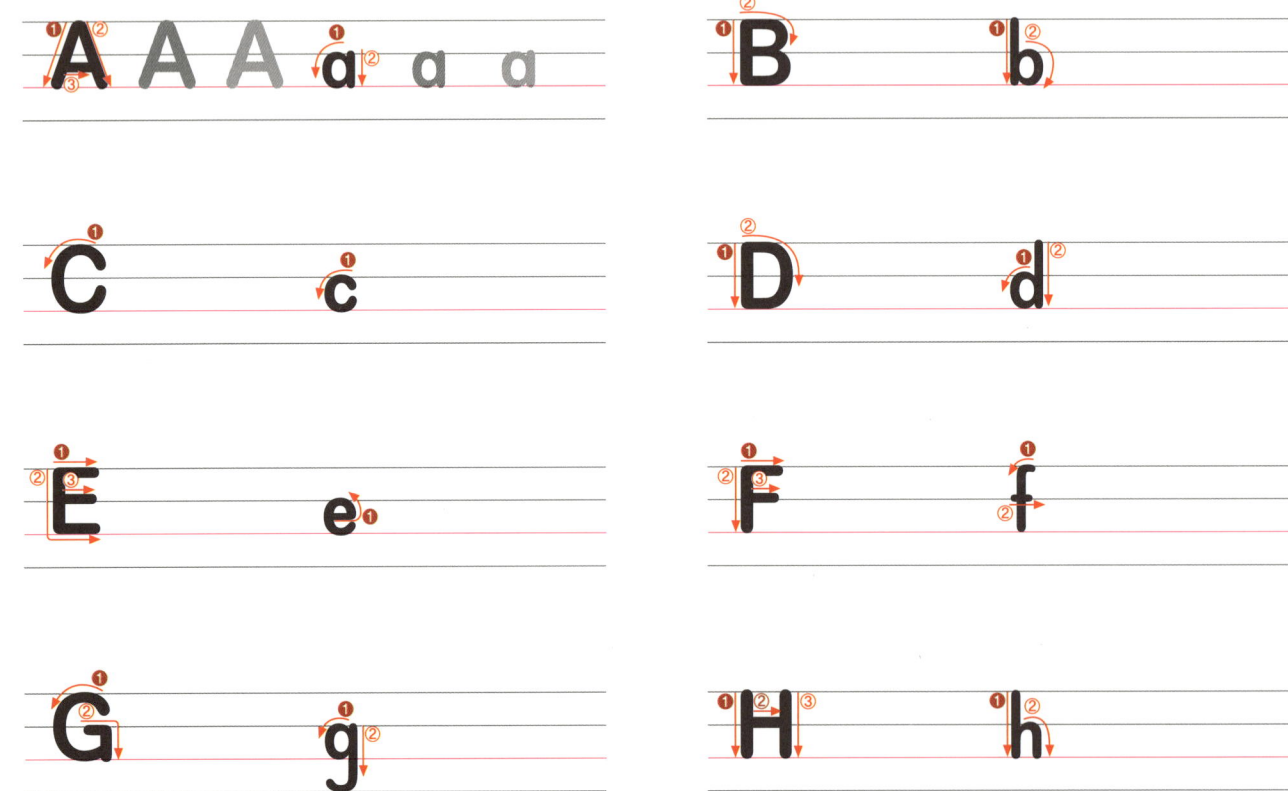

월   일   확인

✏️ 알파벳 A부터 Z까지 순서에 맞게 써 보세요.

대문자

소문자

✏️ 키, 몸무게 등을 표시할 때 숫자 옆에 '단위'를 함께 써요. 다양한 단위를 알아보고 따라 써 보세요.

① 무게: 무게를 재는 단위에는 mg(밀리그램), g(그램), kg(킬로그램), t(톤) 등이 있어요.

mg   mg   mg   mg

g

kg

② 길이: 길이를 재는 단위에는 mm(밀리미터), cm(센티미터), m(미터), km(킬로미터) 등이 있어요.

mm

cm

m

③ 들이: 들이를 재는 단위에는 ml(밀리리터), L(리터) 등이 있어요.

mL

L

④ 넓이: 넓이를 재는 단위에는 cm^2(제곱센티미터), km^2(제곱킬로미터) 등이 있어요.

cm^2

km^2

 영어 문장을 따라 써 보세요.

Hello! Hello!
↳ (만날 때) 안녕!

Good bye!
↳ (헤어질 때) 안녕!

Thank you!
↳ 고마워! / 고맙습니다!

I love you!
↳ 사랑해!

I'm sorry.
↳ 미안해.

Happy Birthday.
↳ 생일 축하해.

쉬어가기 글씨 쓰기에 도움이 되는 스트레칭을 따라 해 보세요.

손목 스트레칭
손목 관절 스트레칭

손을 앞으로 쭉 편 다음 주먹을 쥐어요.
손목을 안쪽에서 바깥쪽으로 천천히 돌려 줍니다.
반대로 바깥쪽에서 안쪽으로 천천히 돌려 주세요.
안쪽, 바깥쪽 5번씩 반복해요.

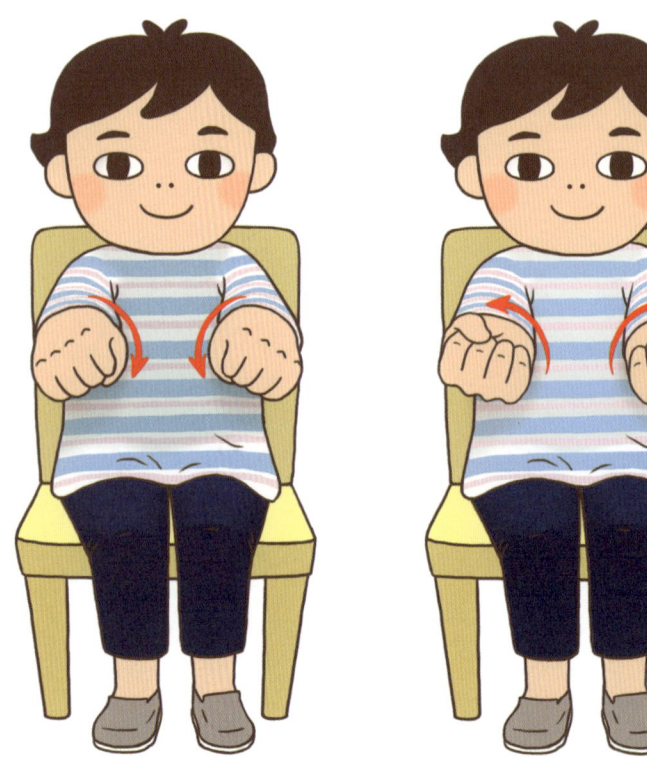

글씨 쓰느라 손목 아팠지? 나를 따라 해 봐!

Memo

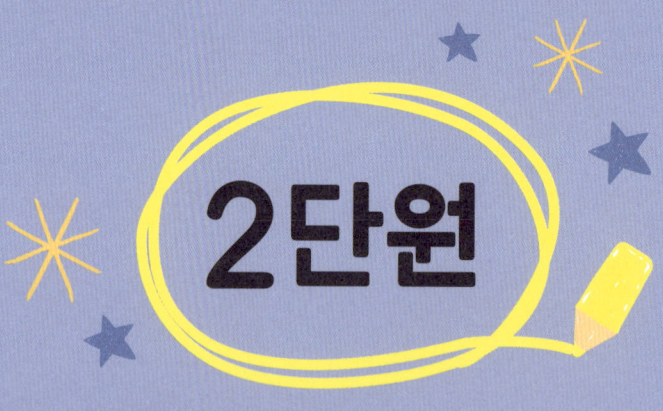

2단원

모양에 맞게 글씨 쓰기

학습 내용

이번 시간에는 글자 하나하나의 균형을 생각하며 써 보는 연습을 해요. 바른 글씨는 여러분의 마음가짐에 달려 있다는 것 알죠? 엉덩이를 의자에 바짝 붙이고 2단원 모양에 맞게 글씨 쓰기 연습도 시작해 봅시다!

학습 목표

- **Day06** 받침이 없는 글자 모양에 맞게 쓰기
- **Day07** 받침이 있는 글자 모양에 맞게 쓰기
- **Day08** 모양에 맞게 글씨 쓰기 연습 1
- **Day09** 모양에 맞게 글씨 쓰기 연습 2
- 쉬어가기 스트레칭

Day 06 받침이 없는 글자 모양에 맞게 쓰기

★ 받침이 없는 글자는 자음과 모음이 어떻게 합쳐지느냐에 따라 두 가지 형태로 만들어져요. 형태에 따라 두 가지 모양에 맞게 쓰세요.

▶ 받침이 없는 글자 모양에 맞게 쓰기 ①
받침이 없고, 자음 오른쪽에 'ㅏ, ㅑ, ㅓ, ㅕ, ㅣ'처럼 세로로 긴 모음이 합쳐지는 글자를 쓸 때는 '옆으로 세모형(◁)' 모양에 맞게 써요.

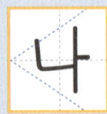  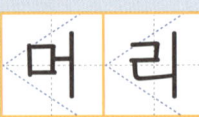

자음보다 모음의 세로 길이를 더 길게 쓰자!

받침이 없고, 자음 오른쪽에 'ㅐ, ㅔ, ㅒ, ㅖ' 등의 모음이 합쳐진 글자를 쓸 때도 '옆으로 세모형(◁)' 모양에 맞게 써요.

▶ 받침이 없는 글자 모양에 맞게 쓰기 ②
받침이 없고, 자음 아래쪽에 'ㅗ, ㅛ, ㅜ, ㅠ, ㅡ'처럼 가로로 긴 모음이 합쳐지는 글자를 쓸 때는 '바른 세모형(△)' 모양에 맞게 써요.

자음보다 모음의 가로 길이를 더 길게 쓰자!

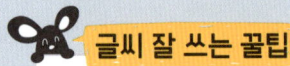 글씨 잘 쓰는 꿀팁!

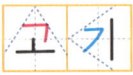  'ㄱ'과 'ㅋ'이 들어가는 글자를 '옆으로 세모형(◁)'과 '바른 세모형(△)'에 맞게 쓸 때는 모양이 조금 다릅니다. '옆으로 세모형(◁)'일 때는 'ᄀ, ᄏ'처럼 쓰고 '바른 세모형(△)'일 때는 'ㄱ, ㅋ'처럼 써요!

✏️ 다음 낱말을 '옆으로 세모형(◁)' 모양에 맞게 써 보세요.

가	마
거	리
허	파
너	비

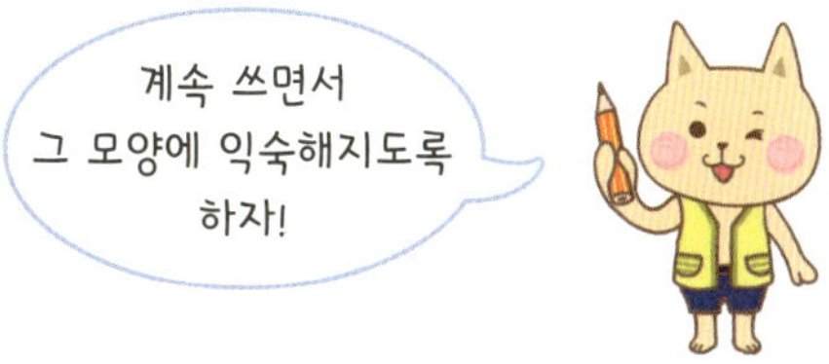

계속 쓰면서 그 모양에 익숙해지도록 하자!

기	체
배	려
지	혜
이	해

✏️ 다음 낱말을 '바른 세모형(△)' 모양에 맞게 써 보세요.

호수
투구
포부
소묘

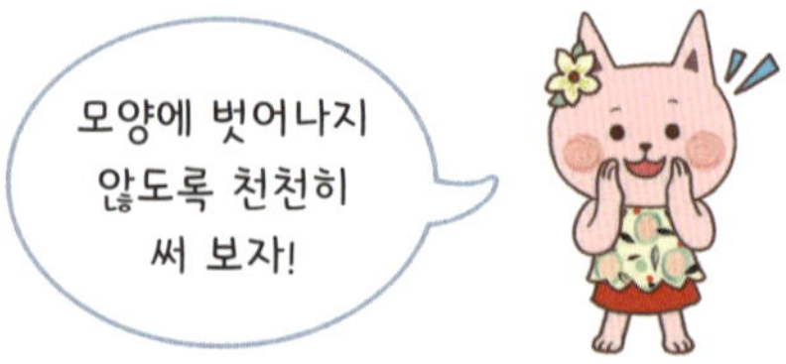

모양에 벗어나지 않도록 천천히 써 보자!

오후   유추   규모   소수

✏️ 다음 낱말을 '옆으로 세모형(◁)', '바른 세모형(△)' 모양에 맞게 써 보세요.

| 고체 | 그네 | 자료 | 재료 |

| 소비 |
| 묘사 |
| 조사 |
| 대표 |

정성껏 한 글자 한 글자 쓰는 거야!

고학년 바른 글씨 **45**

Day 07 받침이 있는 글자 모양에 맞게 쓰기

★ 받침이 있는 글자는 자음과 모음이 어떻게 합쳐지느냐에 따라 두 가지 형태로 만들어져요. 형태에 따라 두 가지 모양에 맞게 쓰세요.

▶ 받침이 있는 글자 모양에 맞게 쓰기 ①
받침이 있고, 자음 오른쪽에 'ㅏ, ㅑ, ㅓ, ㅕ, ㅣ' 등의 모음이 합쳐지는 글자를 쓸 때는 '네모형(□)' 모양에 맞게 써요.

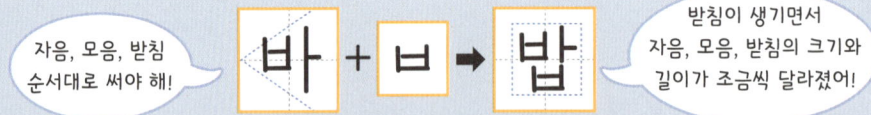

- 자음, 모음, 받침 순서대로 써야 해!
- 받침이 생기면서 자음, 모음, 받침의 크기와 길이가 조금씩 달라졌어!

받침이 있고 'ㅐ, ㅔ, ㅒ, ㅖ' 등의 모음이 합쳐질 때도 '네모형(□)' 모양에 맞게 써요.

▶ 받침이 있는 글자 모양에 맞게 쓰기 ②
받침이 있고, 아래쪽에 'ㅗ, ㅛ, ㅜ, ㅠ, ㅡ' 등의 모음이 합쳐지는 글자를 쓸 때는 '마름모형(◇)' 모양에 맞게 써요.

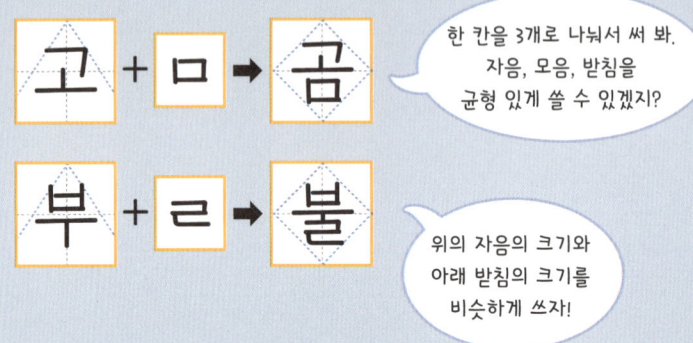

- 한 칸을 3개로 나눠서 써 봐. 자음, 모음, 받침을 균형 있게 쓸 수 있겠지?
- 위의 자음의 크기와 아래 받침의 크기를 비슷하게 쓰자!

글씨 잘 쓰는 꿀팁!

'ㄱ'과 'ㅋ'이 받침에 올 때는 각진 모양의 'ㄱ'과 'ㅋ'으로 써요.

✏️ 다음 낱말을 '마름모형(◇)' 모양에 맞게 써 보세요.

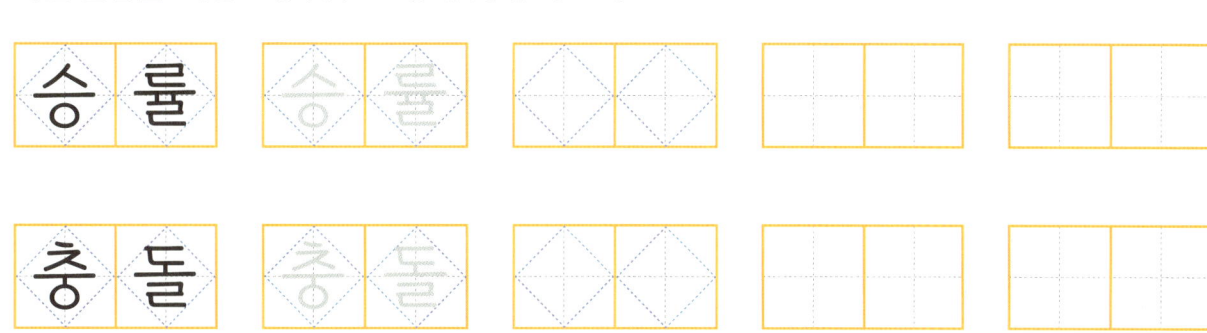

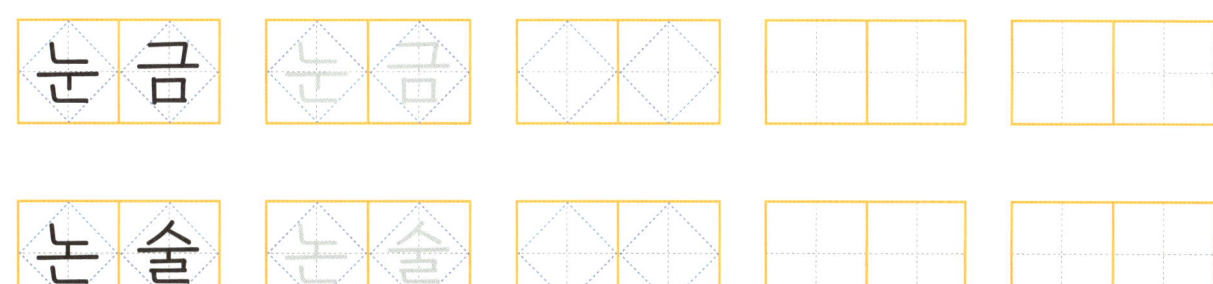

설마 다시 지렁이체 글씨로 돌아온 건 아니지? 또박또박 써 보자고!

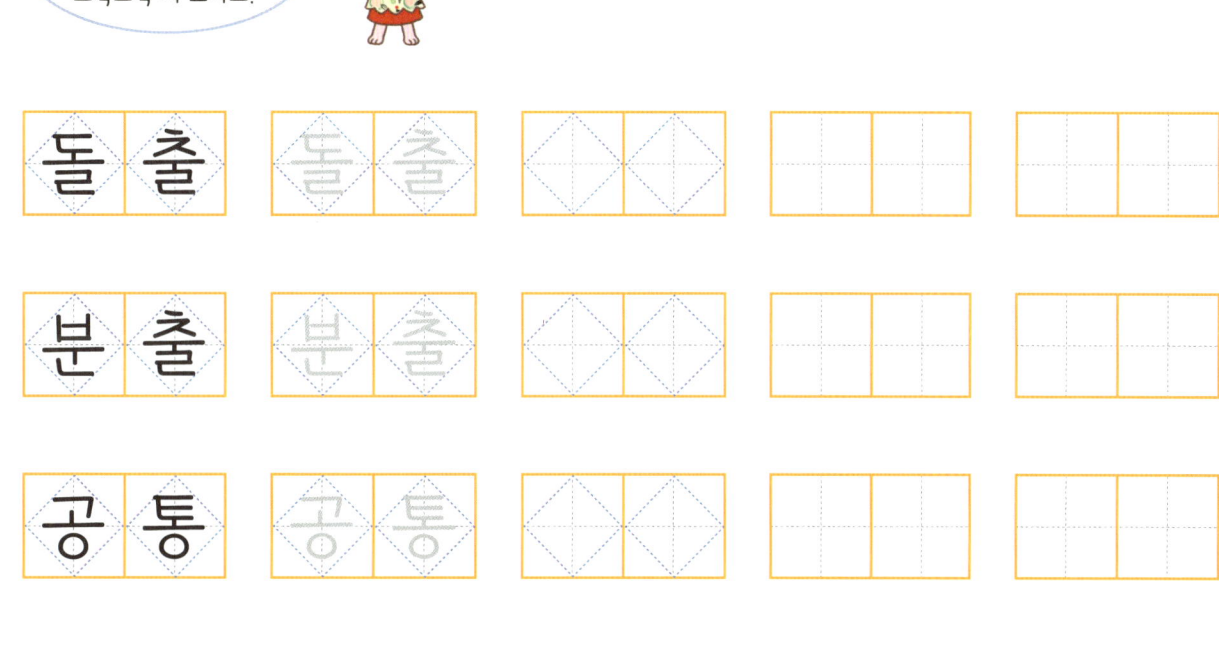

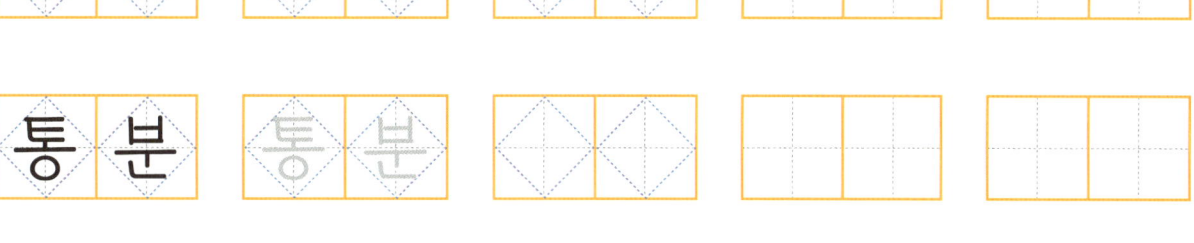

✏️ 다음 낱말을 '네모형(□)' 모양에 맞게 써 보세요.

| 낱말 | 선택 | 장점 | 단점 |

편견 편견

상식 상식

견학 견학

방향 방향

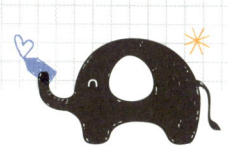

다음 낱말을 '마름모형(◇)', '네모형(□)' 모양에 맞게 써 보세요.

중심 단축 촌락 농경

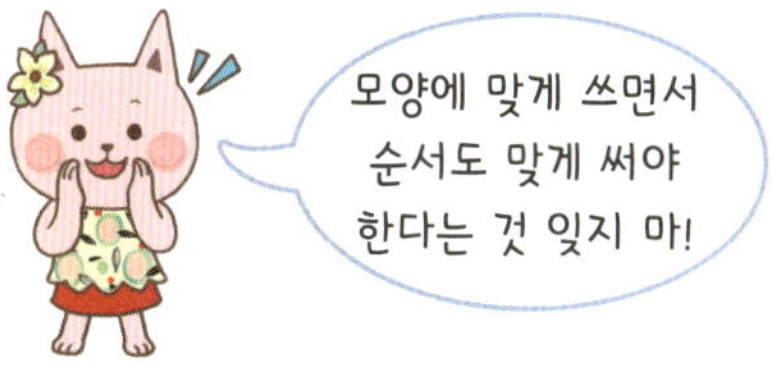

전등 용암 숙명 연못

Day 08 모양에 맞게 글씨 쓰기 연습 1

헷갈리기 쉬운 낱말의 뜻을 알아보고 모양에 맞게 글씨를 써 보세요.

① 같다 / 갖다

같다

→ 뜻 서로 다르지 않고 하나이다.　예 우리 가족은 모두 혈액형이 같아요.

갖다

→ 뜻 손이나 몸 따위에 있게 하다. '가지다'의 준말.　예 아빠, 저 모자 갖고 싶어요!

② 껍질 / 껍데기

껍질

→ 뜻 물체의 겉을 싸고 있는 단단하지 않은 물질.　예 귤 껍질을 벗기자, 상큼한 향기가 널리 퍼졌다.

껍데기

→ 뜻 달걀이나 조개 같은 것의 겉을 싸고 있는 단단한 물질.　예 조개 껍데기로 목걸이를 만들자!

③ 낳다 / 낫다

낳다

→ 뜻 배 속의 아이, 새끼, 알을 몸 밖으로 내놓다.　예 우리 집 고양이가 새끼를 낳았다.

낫다

→ 뜻 병이나 상처 따위가 고쳐져 본래대로 되다.　예 감기가 낫는 것 같더니 다시 심해졌다.

④ 매다 / 메다

 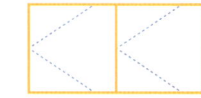 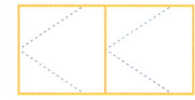  

뜻 끈이나 줄의 두 끝을 엮어서 풀어지지 아니하게 마디를 만들다. 예 신발 끈이 풀리지 않게 꽉 맸다.

  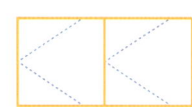  

뜻 물건을 어깨에 걸치거나 올려놓다. 예 그렇게 무거운 가방을 메고 어디에 가니?

⑤ 맡다 / 맞다

  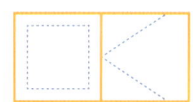  

뜻 어떤 일에 대한 책임을 지고 담당하다. 예 연극에서 주인공 역할을 맡았다.

 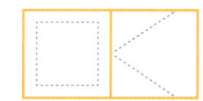 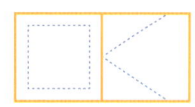  

뜻 문제에 대한 답이 틀리지 아니하다. 예 네 답이 맞아!

⑥ 맞추다 / 마치다

 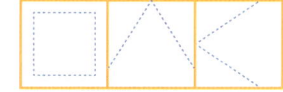 

뜻 서로 떨어져 있는 부분을 제자리에 맞게 대어 붙이다. 예 동생과 퍼즐을 맞추다.

뜻 어떤 일이나 과정, 절차 따위가 끝나다. 또는 그렇게 하다. 예 미뤄 놓은 숙제를 마치다.

7 빗다 / 빚다

빗 다
- 뜻 머리털을 빗 따위로 가지런히 고르다. 예 동생 머리를 빗어 주다.

빚 다
- 뜻 가루를 반죽하여 먹을거리나 물건을 만들다. 예 흙으로 항아리를 빚다.

8 세다 / 새다

세 다
- 뜻 사물의 수를 헤아리거나 꼽다. 예 열을 셀 때까지 눈을 감고 있어라.

새 다
- 뜻 기체, 액체 따위가 틈이나 구멍으로 조금씩 빠져 나가거나 나오다. 예 바가지에서 물이 샌다.

9 시키다 / 식히다

시 키 다
- 뜻 어떤 일이나 행동을 하게 하다, 음식을 만들어 오거나 가지고 오도록 주문하다.
- 예 중국집에 짜장면을 시키다.

식 히 다
- 뜻 뜨거운 것을 차게 만들다. 예 짬뽕이 뜨거우니 식혀 먹으렴.

52

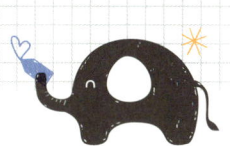

⑩ 앉다 / 않다

앉 다

> 뜻 윗몸을 세운 채 무릎을 구부려서 바닥이나 다른 것에 엉덩이를 붙이다.   예 자세를 바르게 하고 앉다.

않 다

> 뜻 어떤 행동을 안 하다.   예 동생은 세수를 않고 등교하려다가 엄마에게 혼이 났다.

⑪ 적다 / 작다

적 다

> 뜻 수효나 분량, 정도가 일정한 기준에 미치지 못하다.   예 내 밥 양이 형보다 적다.

작 다

> 뜻 길이, 넓이, 부피 따위가 비교 대상이나 보통보다 덜하다.   예 이번에 산 옷이 작다.

⑫ 짓다 / 짖다

짓 다

> 뜻 재료를 들여 밥, 옷, 집 따위를 만들다.   예 높은 건물을 짓다.

짖 다

> 뜻 개가 목청으로 큰 소리를 내다.   예 골목길에서 개가 컹컹 짖다.

고학년 바른 글씨 **53**

Day 09 모양에 맞게 글씨 쓰기 연습 2

✏️ 틀리기 쉬운 낱말의 뜻을 알아보고 모양에 맞게 글씨를 써 보세요.

1 저녁 뜻 해가 질 무렵부터 밤이 되기까지의 사이. 저녁(×)

저 녁

2 무릎 뜻 앉을 때 장딴지와 허벅지가 접히는 곳의 앞쪽. 무릅(×)

무 릎

3 해님 뜻 '해'를 사람처럼 생각하고 높이거나 다정히 이르는 말. 햇님(×)

해 님

4 배꼽 뜻 탯줄이 떨어지면서 배의 한가운데에 생긴 자리. 배곱(×)

배 꼽

5 눈곱 뜻 눈에서 나온 진득진득한 것. 또는 그것이 말라붙은 것. 눈꼽(×)

눈 곱

6 꼴찌 뜻 차례나 순서의 맨 끝. 꼴지(×)

꼴 찌

7 부엌 뜻 집에서 음식을 만들고 설거지를 하는 등 식사에 관련된 일을 하는 곳. 부억(×)

부 엌

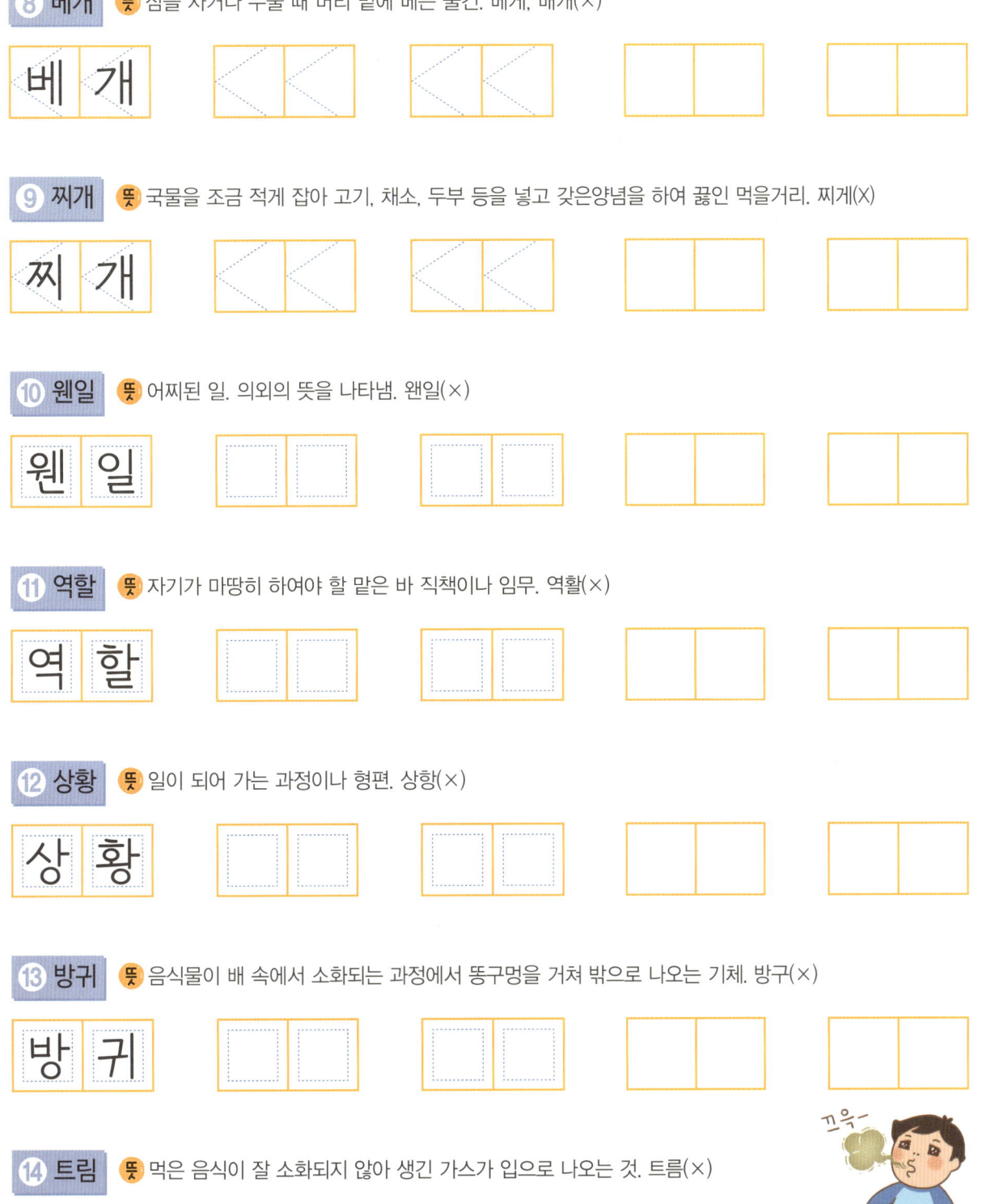

- 글씨 쓴 날짜   월   일 확인

8 베개 뜻 잠을 자거나 누울 때 머리 밑에 베는 물건. 베게, 배개(×)

베개

9 찌개 뜻 국물을 조금 적게 잡아 고기, 채소, 두부 등을 넣고 갖은양념을 하여 끓인 먹을거리. 찌게(×)

찌개

10 웬일 뜻 어찌된 일. 의외의 뜻을 나타냄. 왠일(×)

웬일

11 역할 뜻 자기가 마땅히 하여야 할 맡은 바 직책이나 임무. 역활(×)

역할

12 상황 뜻 일이 되어 가는 과정이나 형편. 상항(×)

상황

13 방귀 뜻 음식물이 배 속에서 소화되는 과정에서 똥구멍을 거쳐 밖으로 나오는 기체. 방구(×)

방귀

14 트림 뜻 먹은 음식이 잘 소화되지 않아 생긴 가스가 입으로 나오는 것. 트름(×)

트림

고학년 바른 글씨 55

⑮ **틈틈이** 뜻 틈이 난 곳마다, 겨를이 있을 때마다. 틈틈히(×)

| 틈 | 틈 | 이 | | | | | | | | | |

⑯ **돌멩이** 뜻 돌덩이보다 작은 돌. 돌맹이(×)

| 돌 | 멩 | 이 | | | | | | | | | |

⑰ **널빤지** 뜻 판판하고 넓게 켠 나뭇조각. 널판지(×)

| 널 | 빤 | 지 | | | | | | | | | |

⑱ **새벽녘** 뜻 날이 샐 무렵. 새벽녁(×)

| 새 | 벽 | 녘 | | | | | | | | | |

⑲ **떡볶이** 뜻 가래떡을 적당한 크기로 잘라 여러 가지 채소를 넣고 양념하여 볶은 음식. 떡뽀끼, 떡복이(×)

| 떡 | 볶 | 이 | | | | | | | | | |

⑳ **곱빼기** 뜻 음식에 두 그릇의 몫을 한 그릇에 담은 분량. 곱배기, 꼽빼기(×)

| 곱 | 빼 | 기 | | | | | | | | | |

㉑ **세뱃돈** 뜻 아랫사람이 윗사람에게 세배를 올리면 세배를 받은 사람이 세뱃값으로 주는 돈. 세배돈, 새뱃돈(×)

| 세 | 뱃 | 돈 | | | | | | | | | |

22 족집게 뜻: 주로 잔털이나 가시 따위를 뽑는 데 쓰는 쇠로 만든 조그마한 기구. 족집개(×)

| 족 | 집 | 게 |

23 육개장 뜻: 쇠고기를 삶아서 알맞게 뜯어 넣고, 얼큰하게 갖은양념을 하여 끓인 국. 육계장(×)

| 육 | 개 | 장 |

24 곰곰이 뜻: 여러모로 깊이 생각하는 모양. 곰곰히(×)

| 곰 | 곰 | 이 |

25 꼼꼼히 뜻: 빈틈이 없이 차분하고 조심스러운 모양. 꼼꼼이(×)

| 꼼 | 꼼 | 히 |

26 웃어른 뜻: 나이나 지위, 신분, 항렬 따위가 자기보다 높아 직접 또는 간접으로 모시는 어른. 윗어른(×)

| 웃 | 어 | 른 |

27 깨끗이 뜻: 사물이 더럽지 않게. 깨끗히(×)

| 깨 | 끗 | 이 |

28 설거지 뜻: 먹고 난 뒤의 그릇을 씻어 정리하는 일. 설겆이(×)

| 설 | 거 | 지 |

 글씨 쓰기에 도움이 되는 스트레칭을 따라 해 보세요.

어깨 스트레칭
어깨 당겨 늘이기

오른쪽 손을 왼쪽 방향으로 뻗은 후,
왼쪽 팔로 오른쪽 팔꿈치 부분을 감아 왼쪽으로 당겨요.
어깨 뒤쪽 근육이 늘어나는 느낌이 들도록 당겨야 해요.
10초 정도 유지해 주세요. 반대쪽도 같은 방법으로 당겨 주세요.
오른쪽, 왼쪽 5번씩 반복해요.

뭉친 어깨를 풀고 나면 글씨를 더 잘 쓸 수 있을 거야!

Memo

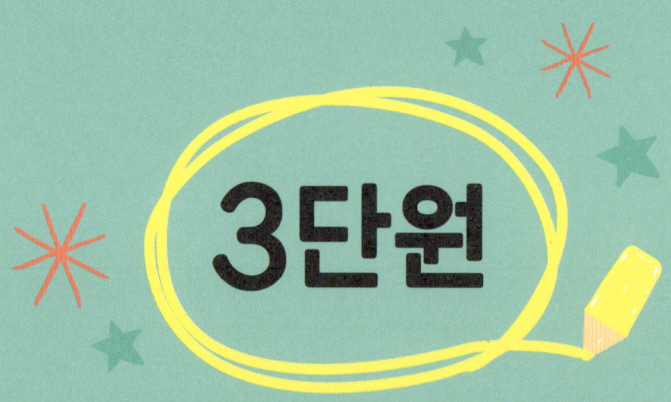

3단원

반듯반듯! 문장 쓰기

반듯한 문장은 어떻게 써야 하는 걸까? 빨리 배워 보자!

학습 내용

여러분이 쓴 문장을 한번 살펴보세요. 오르락내리락하거나 들쭉날쭉하지는 않나요? 그렇다면 여러분의 자세를 한번 점검해 보세요. 비뚤게 앉았거나 공책이 기울어져 있을지도 몰라요. 자세를 바르게 고쳐 앉고, 공책을 바르게 놓은 다음 연습을 시작해 봅시다.

이번 단원에서는 문장을 바르게 쓰는 네 가지 방법을 살펴보고, 관용 표현과 속담을 따라 쓰며 반복적으로 긴 문장을 쓸 거예요. 문장이 길더라도 포기하지 말고 천천히 또박또박 써 봅시다!

학습 목차

▶ **Day10** 문장 바르게 쓰기 ①, ②

▶ **Day11** 문장 바르게 쓰기 ③, ④

▶ **Day12** 문장 쓰기 연습 1

▶ **Day13** 문장 쓰기 연습 2

▶ 쉬어가기 스트레칭

Day 10 문장 바르게 쓰기 ①, ②

★ 다음 네 가지 방법을 기억하면서 문장을 쓰세요. 그럼 반듯하고 가지런한 문장을 쓸 수 있어요.

> ① 일정한 크기로 글자 쓰기
> ② 일정한 위치에 글자 쓰기
> ③ 알맞은 간격으로 띄어쓰기
> ④ 문장 부호 바르게 쓰기

① 일정한 크기로 글자 쓰기

문장을 쓸 때는 글자 크기가 커졌다 작아졌다 하면 안 돼요. 처음부터 끝까지 일정하게 써야 해요.

안녕하세요.   **안녕하세요.**   **안녕하세요.**
기준 크기   기준 크기   기준 크기

처음 쓴 글자 크기를 기준으로 맞춰서 나머지 글자를 쓰면 좋아요. 처음에 작게 썼다면 끝까지 작게, 처음에 크게 썼다면 끝까지 크게 써야 하지요.

② 일정한 위치에 글자 쓰기

문장을 쓸 때는 글자의 위치를 일정하게 유지하며 줄의 밑 선에 맞춰 써요. 밑 선 조금 위에 쓰기 시작한다고 생각하면 돼요.

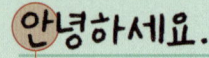 바른 글씨를 쓰고 싶어요.   안녕하세요, 반갑습니다.
↳ 이렇게 글자의 위치가 오르락내리락하면 안 돼!

글씨 쓴 날짜 월   일   확인

📝 문장을 바르게 쓰는 방법을 떠올리며 다음 관용 표현을 따라 써 보세요.

귀에 못이 박히다.

여기서 '못'은 뾰족한 쇠못이 아니라 단단한 굳은살을 말해요. 귀에 못이 생겼다면 그 말을 얼마나 많이 들은 걸까요? 이 말은 귀에 굳은살이 생길 정도로 같은 말을 여러 번 듣는다는 뜻이에요.

1회 귀에 못이 박히다.
2회 귀
3회
4회

이렇게 써요 청소하라는 부모님의 잔소리를 귀에 못이 박히도록 들었다.

눈 깜짝할 사이.

눈을 살짝 감았다 떠 보세요. 아주 짧은 순간이지요? 이 표현은 이렇게 매우 짧은 순간을 나타낼 때 써요.

1회 눈 깜짝할 사이.
2회 눈
3회
4회

이렇게 써요 눈 깜짝할 사이 십 년의 세월이 흘렀다.

눈 딱 감다.

이 표현은 남의 허물이나 잘못을 보고도 못 본 체하는 것을 말해요.

1회 눈 딱 감다.
2회 눈
3회
4회

이렇게 써요 "너 내 과자 또 먹었지? 내가 이번만 눈 딱 감아 준다. 한 번만 더 그래 봐."

파김치가 되다.

파김치를 먹어 본 적이 있나요? 파김치는 길게 축 늘어져 있는 모양이에요. 그래서 '파김치가 되다.'는 몹시 지쳐 기운이 아주 느른하게 되다는 뜻이에요.

1회 파김치가 되다.
2회 파
3회
4회

이렇게 써요 "오늘 하루 종일 밭일을 했더니 파김치가 되었어."

고학년 바른 글씨 **63**

✏️ 문장을 바르게 쓰는 방법을 떠올리며 다음 관용 표현을 따라 써 보세요.

머리털이 곤두서다.

공포 영화를 볼 때 너무 무서워 머리털까지 곤두선 느낌이 든 적이 있지요? 무섭거나 놀라서 날카롭게 신경이 곤두설 때 이 표현을 써요.

- 1회: 머리털이 곤두서다.
- 2회: 머
- 3회:
- 4회:

이렇게 써요 "오늘 개봉한 공포 영화 봤어? 보는 내내 머리털이 곤두섰어!"

무릎을 치다.

갑자기 어떤 놀라운 사실을 알게 되었거나 희미한 기억이 되살아날 때, 또는 몹시 기쁠 때 무릎을 탁! 치지 않나요?

- 1회: 무릎을 치다.
- 2회: 무
- 3회:
- 4회:

이렇게 써요 나는 선생님의 말씀에 "그래, 바로 그거야!"라며 무릎을 탁 치셨다.

진땀을 흘리다.

'진땀'은 몹시 애쓰거나 힘들 때 흐르는 끈끈한 땀을 말해요. 즉, 이 표현은 어려운 일이나 난처한 일을 당해서 진땀이 나도록 몹시 애를 쓴다는 뜻이에요.

- 1회: 진땀을 흘리다.
- 2회: 진
- 3회:
- 4회:

이렇게 써요 수학 문제가 잘 풀리지 않아 진땀을 흘렸다.

배가 아프다.

친구가 좋은 장난감을 갖고 있으면 부러운 마음이 들어 멀쩡하던 배가 아파온 적이 있지 않나요? 이 표현은 남이 잘 되어 심술이 날 때 써요.

- 1회: 배가 아프다.
- 2회: 배
- 3회:
- 4회:

이렇게 써요 "사촌이 땅을 사면 배가 아프다더니!"

배가 등에 붙다.

먹은 것이 없으면 배가 들어가겠죠? 그런데 등까지 붙을 정도라니요! 먹은 것이 없어서 배가 홀쭉하고 몹시 허기진 상태를 표현하는 말이에요.

1회	배가 등에 붙다.
2회	배
3회	
4회	

이렇게 써요 "너무 배고파서 배가 등에 붙겠어."

입에 침이 마르다.

여러분은 침이 언제 마르나요? 쉴 새 없이 말을 할 때 침이 마르겠지요? 이 표현은 다른 사람이나 물건에 대하여 거듭 말할 때 써요.

1회	입에 침이 마르다.
2회	입
3회	
4회	

이렇게 써요 내 친구는 여름 방학에 유럽 여행을 다녀왔다고 입에 침이 마르게 자랑을 했다.

손에 땀을 쥐다.

긴장감이 넘치는 운동 경기를 보면 마음이 조마조마하죠? 이 표현은 매우 긴장이 되어 아슬아슬할 때, 마음이 조마조마해질 때 써요.

1회	손에 땀을 쥐다.
2회	손
3회	
4회	

이렇게 써요 어제 축구 경기는 손에 땀을 쥐게 할 정도로 막상막하였다.

어깨가 무겁다.

무거운 책임을 져서 마음에 부담이 클 때 이 표현을 써요.

1회	어깨가 무겁다.
2회	어
3회	
4회	

이렇게 써요 "국민들의 관심이 집중되어 국가 대표 선수들은 어깨가 무겁겠군!"

Day 11 문장 바르게 쓰기 ③, ④

③ 알맞은 간격으로 띄어쓰기

문장을 쓸 때 낱말과 낱말 사이를 알맞은 간격으로 띄어 써야 해요. 너무 붙여 쓰거나, 너무 띄어 쓰면 문장의 뜻을 정확하고 빠르게 파악하기 어려워요.

> 다롬이에게
> 안녕다롬아나는지훈이야오늘너의생일이네.
> 진심으로축하해. 맛있는것도많이먹고좋은
> 하루보내!

띄어쓰기를 제대로 안 하고 너무 붙여 썼네. 이러면 안 돼.

④ 문장 부호 바르게 쓰기

문장을 쓸 때 문장 부호를 정확한 위치에 바르게 써야 해요.

- ▶ 마침표   매일 아침에 운동을 해요.
- ▶ 쉼표   운동을 하고, 물을 마셔요.
- ▶ 물음표   우리 몇 시에 만나?
- ▶ 느낌표   너 여기 있었구나!
- ▶ 작은따옴표 '공부를 열심히 해야지.'라고 생각했어요.
- ▶ 큰따옴표   "오늘 급식 메뉴가 뭐야?"라고 물었어요.

마침표와 쉼표를 잘 구분해서 써야 해.

물음표는 둥근 부분을 잘 그려 보자!

글씨 잘 쓰는 꿀팁!

쉼표, 작은따옴표, 큰따옴표의 둥근 부분은 정확하게 둥글려 줘요. 또 작은따옴표, 큰따옴표의 경우 6과 9를 작게 쓴 것처럼 보이지 않게 빈 공간을 채워 줘요.

글씨 쓴 날짜

월　　일　확인

✏️ 문장을 바르게 쓰는 방법을 떠올리며 다음 관용 표현을 따라 써 보세요.

눈코 뜰 새 없다.

'눈'과 '코'는 우리의 신체 일부를 말하는 것이 아니라 그물의 구멍인 '눈'과 매듭인 '코'를 말해요. 그물을 꿰맬 시간이 없을 정도로 정신 못 차리게 바쁠 때 써요.

- 1회　눈코 뜰 새 없다.
- 2회　눈
- 3회
- 4회

이렇게 써요 우리 형은 요즘 밀린 방학 숙제를 하느라 눈코 뜰 새 없다.

뜸을 들이다.

이 표현은 일이나 말을 할 때에 서둘지 않고 한동안 가만히 있는 경우를 비유적으로 이르는 말이에요.

- 1회　뜸을 들이다.
- 2회　뜸
- 3회
- 4회

이렇게 써요 "시험 결과 나왔니? 뜸 들이지 말고 빨리 알려 줘!"

말만 앞세우다.

말로는 뭐든지 할 것처럼 하면서 정작 실천은 하지 않는다는 뜻이에요.

- 1회　말만 앞세우다.
- 2회　말
- 3회
- 4회

이렇게 써요 "말만 앞세우지 말고 행동으로 보여 줘!"

불똥이 튀다.

'불똥'은 '불에 타고 있는 물건에서 튀어 나오는 아주 작은 불덩이'를 말해요. 이 표현은 그 일과 직접적인 관계가 없는 사람에게 재앙이나 화가 미친다는 뜻이에요.

- 1회　불똥이 튀다.
- 2회　불
- 3회
- 4회

이렇게 써요 "옆 반이 시끄럽게 떠들어서 교감 선생님께 혼났대. 우리 반도 언제 불똥이 튈지 모르니 조심하자."

고학년 바른 글씨 67

📝 문장을 바르게 쓰는 방법을 떠올리며 따라 써 보세요.

발이 떨어지지 않다.
애착, 미련, 근심, 걱정 따위로 마음이 놓이지 않아 선뜻 떠나지 못할 때 써요.

엊그제 아빠가 품속에 강아지 한 마리를 데리고 오셨어요. 나는 강아지에게 햇살이라는 이름도 지어 줬어요. 햇살이와 함께 놀면 학교 갈 시간도 학원 갈 시간도 잊어버려요. 나가려고 가방을 메고 나섰다가 또다시 거실에 앉아 햇살이랑 놀기를 여러 번. 엄마가 이런 나에게 말씀하셨어요.

"훈아, 학원 가야지. 햇살이 두고 발이 안 떨어지니?"

파리 날리다.
가게에 손님은 한 명도 없고 파리만 날리다니요? 장사가 잘 안되어 한가하다는 표현이겠죠?

오늘 집에 삼촌이 오셨다. 삼촌은 며칠 전에 고깃집을 차리셨다. 아빠는 삼촌에게 장사는 잘 되는지 물어보셨다. 그런데 삼촌은 이상한 대답을 하셨다.

"파리만 날리고 영 시원치 않네요."

아빠는 삼촌의 말의 휴, 한숨을 쉬셨다.

'가게에 파리가 많다는 건가? 무슨 말이지?'

엉덩이가 근질근질하다.

이 표현은 한군데 가만히 앉아 있지 못하고 자꾸 일어나 움직이고 싶어할 때 쓰는 표현이에요.

수철이는 엄마에게 영어 문제집 5쪽만 풀고 나가 놀아도 된다고 허락을 받았어요. 친구들과 만나기로 한 시간이 얼마 남지 않았어요. 수철이는 시계를 봤다가 책을 봤다가, 안절부절못했어요.

"공부한 지 얼마나 지났다고 몸을 배배 꼬니?

엉덩이가 근질근질하니?"

엄마의 말에 수철이는 찔끔했어요. 수철이는 마음을 다잡고 문제를 풀기 시작했어요.

다리 뻗고 자다.

여러분은 웅크려 잘 때랑 다리를 쭉 뻗고 잘 때 중에서 어떤 게 더 편한가요? 이 표현은 걱정, 근심이 없이 마음 놓고 편히 자는 것을 말해요.

서윤이는 풀 죽은 표정으로 친구 준서에게 물었어요.

"너 방학 숙제 다 했어?"

"그럼! 오늘 아침에 밀린 일기도 다 쓰고, 독서 감상문도 다 썼지."

준서가 뽐내며 말했어요.

"오늘부터 다리 뻗고 잘 수 있겠구나."

서윤이는 준서가 무척 부러웠어요. 그러고는 자기도 오늘 꼭 숙제를 끝내겠다고 다짐했어요.

Day 12 문장 쓰기 연습 1

✏️ 문장을 바르게 쓰는 방법을 떠올리며 다음 속담을 따라 써 보세요.

가랑비에 옷 젖는 줄 모른다.

- 1회: 가랑비에 옷 젖는 줄 모른다.
- 2회: 가
- 3회:

> 가랑비는 아주 조금씩 젖어들기 때문에 옷이 젖는 줄 몰라요. 이 속담은 아무리 사소한 것도 거듭되면 무시하지 못할 정도로 크게 된다는 뜻이에요.

개구리 올챙이 적 생각 못 한다.

- 1회: 개구리 올챙이 적 생각 못 한다.
- 2회: 개
- 3회:

> 올챙이는 개구리 되기 전의 애벌레 상태를 말해요. 이 속담은 지난 일을 생각하지 못하고 처음부터 그랬던 것처럼 잘난 척하며 으스댈 때 써요.

꼬리가 길면 밟힌다.

- 1회: 꼬리가 길면 밟힌다.
- 2회: 꼬
- 3회:

> 꼬리가 길면 쉽게 밟히겠지요? 한두 번은 남들 모르게 나쁜 짓을 할 수 있으나 오래 두고 여러 번 계속하면 결국 들킨다는 뜻이에요.

글씨 쓴 날짜

월   일   확인

낫 놓고 기역 자도 모른다.

1회 낫 놓고 기역 자도 모른다.

2회 낫

3회

> 낫은 'ㄱ' 자 모양이에요. 그런데 낫을 놓고도 'ㄱ' 자를 모른다니요? 이 속담은 아는 것이 아주 없다는 것을 비유적으로 이르는 말이에요.

남의 떡이 커 보인다.

1회 남의 떡이 커 보인다.

2회 남

3회

> 급식을 먹을 때 친구가 나보다 맛있는 반찬을 더 많이 받은 것 같지 않나요? 사실은 똑같은데 말이죠. 이 속담은 자기의 것보다 남의 것이 더 많아 보이거나 좋아 보일 때 써요.

달걀로 바위치기.

1회 달걀로 바위치기.

2회 달

3회

> 대항해도 도저히 이길 수 없는 경우를 비유적으로 이르는 말이에요.

✏️ 문장을 바르게 쓰는 방법을 떠올리며 다음 속담을 따라 써 보세요.

닭 쫓던 개 지붕 쳐다본다.

1회 닭 쫓던 개 지붕 쳐다본다.
2회 닭
3회

> 닭을 잡으려고 열심히 쫓았는데 닭이 지붕 위로 올라가면 어떤 심정일까요? 하려고 애쓰던 일이 실패로 돌아갔을 때 허탈한 마음을 표현한 속담이에요.

도둑이 제 발 저리다.

1회 도둑이 제 발 저리다.
2회 도
3회

> 잘못을 저지르면 누군가에게 들킬까 봐 괜히 더 긴장이 되지요? 이 속담은 지은 죄가 있으면 자연히 마음이 조마조마하여지는 것을 뜻해요.

밑 빠진 독에 물 붓기.

1회 밑 빠진 독에 물 붓기.
2회 밑
3회

> 밑 빠진 독에 물을 부으면 채워질까요? 아무리 힘이나 밑천을 들여도 보람 없이 헛된 일이 되는 상태를 이르는 말이에요.

✏️ 문장을 바르게 쓰는 방법을 떠올리며 따라 써 보세요.

돌다리도 두들겨 보고 건너라. 이 표현은 확실한 일이라도 다시 한번 세심하게 주의를 하라는 말이에요.

힘 없이 걸어가는 현이 모습을 본 초록이가 물었어요.
"너 무슨 일 있어? 왜 그리 힘이 없어?"
"오늘 수학 시험을 봤는데 진짜 쉬운 거야. 그래서 10분 만에 다 풀고 냈는데 다섯 개나 틀렸어. 다 아는 문제였는데."
"돌다리도 두들겨 보고 건너라고 했어. 다 아는 문제여도 다시 한 번 풀어 봤어야지!"
현이는 초록이의 말에 고개를 끄덕거렸어요.

티끌 모아 태산. 저금통에 동전을 하나 하나 모으면 결국 큰돈을 만들 수 있게 되지요. 작은 것이라도 모이고 모이면 나중에 큰 것이 된다는 뜻이에요.

민아는 오늘도 엄마가 준 100원을 저금통에 넣었어요. 그 모습을 본 동생 도진이가 한숨을 쉬며 말했어요.
"누나, 그렇게 모아서 카드라도 살 수 있겠어?"
"너 티끌 모아 태산이라는 말도 몰라? 이렇게 모으다 보면 큰돈이 될 거야. 두고 봐!"
'어휴, 사람이 통이 저렇게 작아서야.'
도진이는 누나를 보며 혀를 끌끌 찼어요.

Day 13 문장 쓰기 연습 2

✏️ 문장을 바르게 쓰는 방법을 떠올리며 다음 속담을 따라 써 보세요.

발 없는 말이 천 리 간다.

1회	발 없는 말이 천 리 간다.
2회	발
3회	

'천 리'는 한번에 갈 수 없는 아주 먼 거리예요. 입에서 한번 내뱉은 말은 달리는 말보다 더 빨리 퍼지죠. 이 속담은 말을 조심해야 한다는 뜻이에요.

벼는 익을수록 고개를 숙인다.

1회	벼는 익을수록 고개를 숙인다.
2회	벼
3회	

벼는 익을수록 고개를 빳빳이 세우지 않고 고개를 숙이지요. 교양이 있고 수양을 쌓은 사람일수록 겸손하고 남 앞에서 자기를 내세우려 하지 않는다는 것을 이르는 말이에요.

사공이 많으면 배가 산으로 간다.

1회	사공이 많으면 배가 산으로 간다.
2회	사
3회	

여러 사공이 저마다 자기의 주장대로 배를 몰려고 하면 결국 배는 물로 못 가고 산으로 올라간다는 뜻으로, 주관하는 사람 없이 여러 사람이 자기주장만 내세우면 일이 제대로 되기 어렵다는 뜻이에요.

● 글씨 쓴 날짜

월　일　확인

서당 개 삼 년에 풍월을 읊는다.

1회　서당 개 삼 년에 풍월을 읊는다.

2회　서

3회

> 서당에서 매일 글 읽는 소리를 듣다 보면 개도 글 읽는 소리를 낸다는 뜻으로 한 분야에 오래 있다 보면 어느 정도의 지식과 경험을 쌓게 된다는 뜻이에요.

소 잃고 외양간 고친다.

1회　소 잃고 외양간 고친다.

2회　소

3회

> 소를 잃은 다음에 외양간을 고치면 무슨 소용이 있을까요? 소를 잃기 전에 고쳤어야 하지 않았을까요? 이 속담은 일이 이미 잘못된 뒤에는 손을 써도 소용이 없다는 뜻이에요.

윗물이 맑아야 아랫물이 맑다.

1회　윗물이 맑아야 아랫물이 맑다.

2회　윗

3회

> 위에서 맑은 물이 흘러 내려야 아랫물도 맑겠죠? 윗사람이 바르고 정직해야 아랫사람도 따라서 바르고 정직하게 된다는 뜻의 속담입니다.

고학년 바른 글씨

✏️ 문장을 바르게 쓰는 방법을 떠올리며 다음 속담을 따라 써 보세요.

작은 고추가 더 맵다.

1회 작은 고추가 더 맵다.

2회 작

3회

> 몸집이 작은 사람이 큰 사람보다 재주가 뛰어나고 야무지다는 뜻의 속담이에요.

지렁이도 밟으면 꿈틀한다.

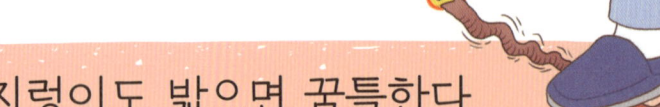

1회 지렁이도 밟으면 꿈틀한다.

2회 지

3회

> 이 속담은 아무리 약한 사람이나 순하고 좋은 사람이라도 지나치게 업신여기면 가만히 있지 않는다는 뜻이에요.

참새가 방앗간을 그저 지나랴.

1회 참새가 방앗간을 그저 지나랴.

2회 참

3회

> 참새가 곡식이 가득한 방앗간을 그냥 지나칠 수 있을까요? 이 속담은 자기가 좋아하는 곳을 그냥 지나치지 못한다는 것을 이르는 말이에요.

✏️ 문장을 바르게 쓰는 방법을 떠올리며 따라 써 보세요.

천 리 길도 한 걸음부터.

먼 길이라도 한 걸음을 내디뎌야 갈 수 있어요. 무슨 일이든 시작이 중요하다는 뜻이에요.

준이는 오늘도 수영장에 왔어요. 수영장에는 멋지게 수영하는 형들이 많았어요. 준이는 시무룩한 표정으로 엄마에게 말했어요.
"엄마, 나도 저렇게 멋지게 수영하고 싶어요."
"준아, 천 리 길도 한 걸음부터라고 뭐든 시작이 중요하단다. 발차기부터 열심히 하다 보면 형들처럼 멋지게 할 수 있을 거야. 우리 아들, 파이팅!"
준이는 엄마의 말씀을 듣고 주먹을 불끈 쥐었어요.

원숭이도 나무에서 떨어진다.

원숭이는 나무타기의 달인이지요? 하지만 원숭이도 실수로 나무에서 떨어질 수 있어요. 아무리 일을 잘하는 사람도 간혹 실수할 수 있다는 뜻입니다.

오늘은 엄마 아빠와 마술 쇼를 보러 갔다. 며칠 동안 엄청 기다렸던 유명한 마술사의 마술 쇼였는데 중간에 실수를 두 번이나 했다. 모자에서 비둘기가 나와야 하는데 비둘기도 안 나오고, 손수건 사이에서 장미꽃도 나오지 않았다.
내가 실망해서 투덜대니까 엄마는 '원숭이도 나무에서 떨어질 때가 있다잖니.'라고 하셨다.

 **쉬어가기** 글씨 쓰기에 도움이 되는 스트레칭을 따라 해 보세요.

팔 스트레칭
팔 붙여 위로 올리기

양팔을 앞으로 모아요. 두 손바닥부터 팔꿈치까지 최대한 붙여 줘요.
모은 양팔을 최대한 위로 뻗어 올린 뒤 10초간 유지해 줍니다.
위로 뻗어 올릴 때 팔꿈치가 떨어지면 안 돼요.
5번 반복해요.

친구들과 누구 손끝이 더 높이 올라가는지 대결해 볼까?

Memo

4단원

성적이 쑥! 교과 과목 요점 정리

노트 정리만 잘해도
성적이 쑥쑥 오른다고?
당장 시작해야겠어!

학습 내용

이번 시간에는 국어, 수학, 과학, 사회 교과 내용을 공책에 정리하며 글씨 연습을 해요. 선생님께서 칠판에 쓰신 내용을 공책에 똑같이 따라 써 본 적이 있을 거예요. 혹시 내가 필기한 노트를 보며 뭐라고 쓴 건지 알아보기 어려울 때가 있지 않았나요? 노트 필기를 잘하면 복습할 때 그 내용이 쉽게 이해되고, 시험을 준비할 때도 큰 도움이 된답니다. 교과 과목 요점을 써 보며 노트를 어떻게 정리해야 하는지 배우고, 교과 내용 지식도 덤으로 챙겨 봅시다!

학습 목차

- **Day14** 국어 과목 요점 정리
- **Day15** 수학 과목 요점 정리
- **Day16** 과학 과목 요점 정리
- **Day17** 사회 과목 요점 정리
- **Day18** 한국사 연표 정리
- 쉬어가기 스트레칭

Day 14 국어 과목 요점 정리

다음 요점을 아래 빈 공책에 따라 써 보세요.

★ **문단의 짜임** 쓰기

1. 문단 : 문장이 몇 개 모여 한 가지 생각을 나타내는 것.
   ▶ 문단은 중심 문장과 뒷받침 문장으로 이루어짐.

2. 중심 문장과 뒷받침 문장
   ▶ 중심 문장 : 문단 내용을 대표하는 문장.
   ▶ 뒷받침 문장 : 중심 문장을 자세히 설명하는 문장.

   예) 우리나라에는 명절에 하는 놀이가 있습니다. 설날에는 연을 날리거나 제기차기를 하고, 정월 대보름에는 쥐불놀이를 합니다.
   (중심 문장 / 뒷받침 문장)

예시

★ 문단의 짜임

1. 문단 : 문장이 몇 개 모여 한 가지 생각을 나타내는 것.
   ▷ 문단은 중심 문장과 뒷받침 문장으로 이루어짐.

2. 중심 문장과 뒷받침 문장
   ▷ 중심 문장 : 문단 내용을 대표하는 문장.
   ▷ 뒷받침 문장 : 중심 내용을 자세히 설명하는 문장.

   예) 우리나라에는 명절에 하는 놀이가 있습니다. 설날에는 연을 날리거나 제기차기를 하고, 정월 대보름에는 쥐불놀이를 합니다.
   (중심 문장 / 뒷받침 문장)

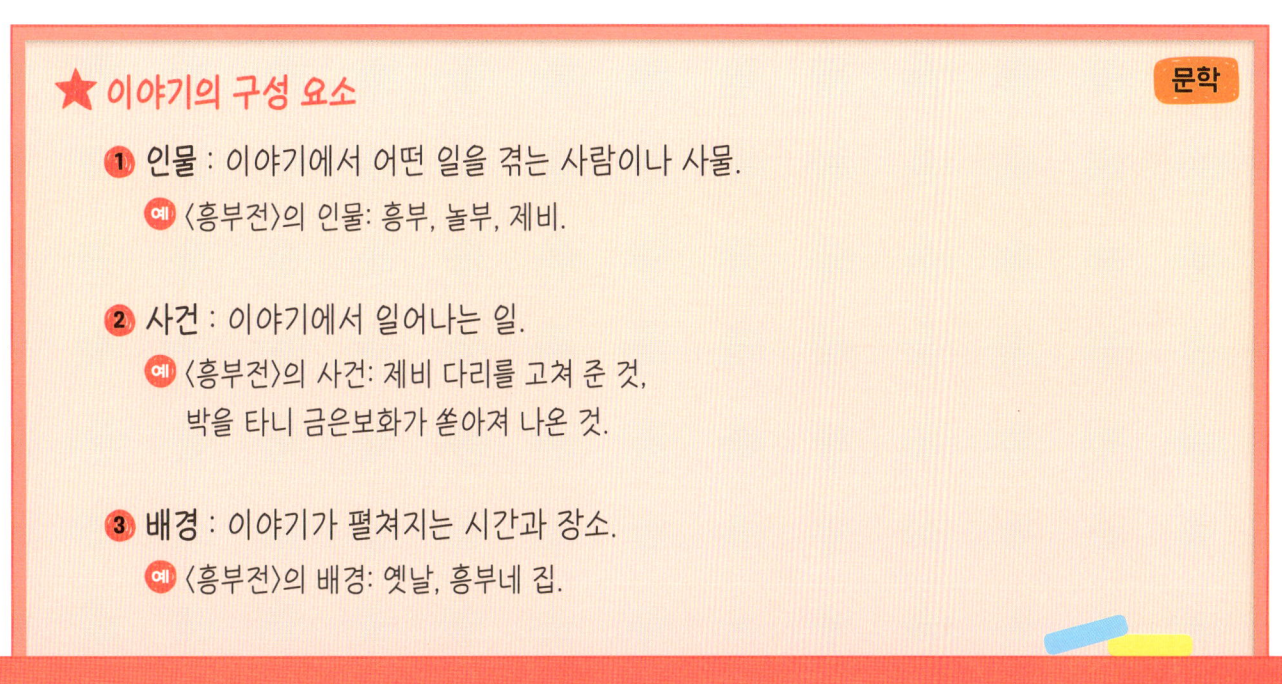

★ 이야기의 구성 요소   문학

1. 인물 : 이야기에서 어떤 일을 겪는 사람이나 사물.
   예) 〈흥부전〉의 인물: 흥부, 놀부, 제비.

2. 사건 : 이야기에서 일어나는 일.
   예) 〈흥부전〉의 사건: 제비 다리를 고쳐 준 것, 박을 타니 금은보화가 쏟아져 나온 것.

3. 배경 : 이야기가 펼쳐지는 시간과 장소.
   예) 〈흥부전〉의 배경: 옛날, 흥부네 집.

★ 이야기의 구성 요소

1. 인물 :
   예)

2. 사건 :
   예)

3. 배경 :
   예)

✏️ 다음 요점을 아래 빈 공책에 따라 써 보세요.

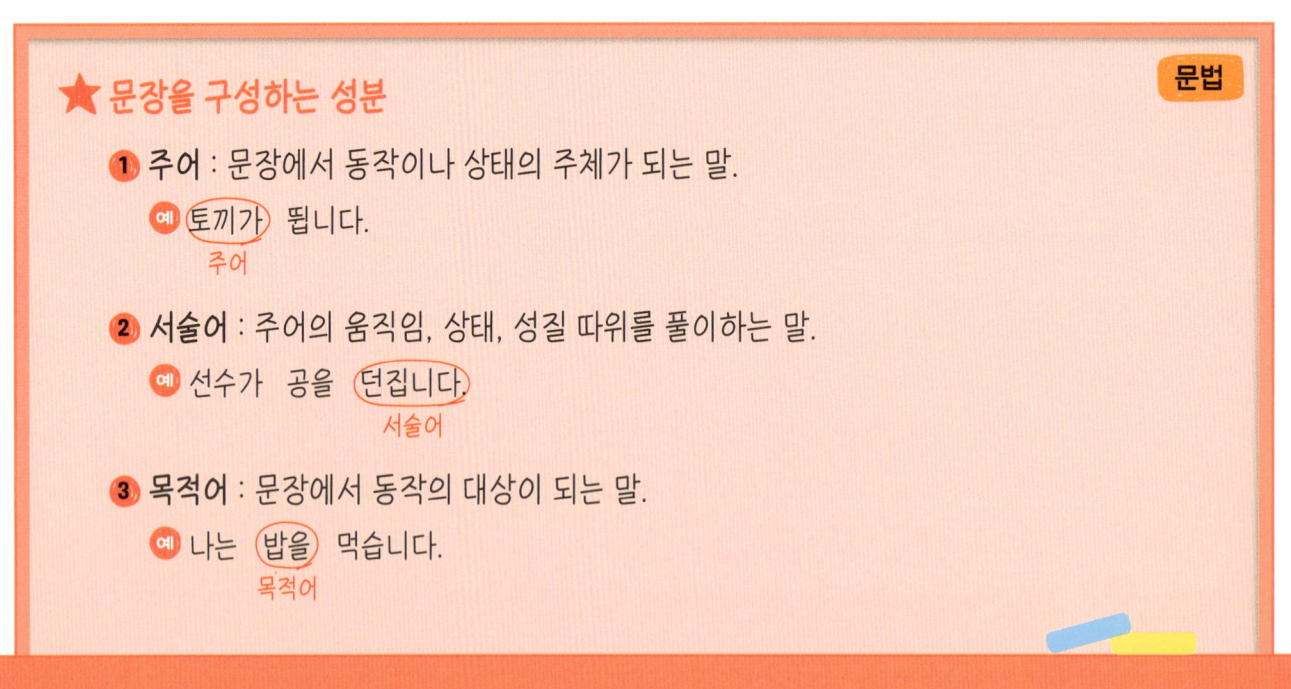

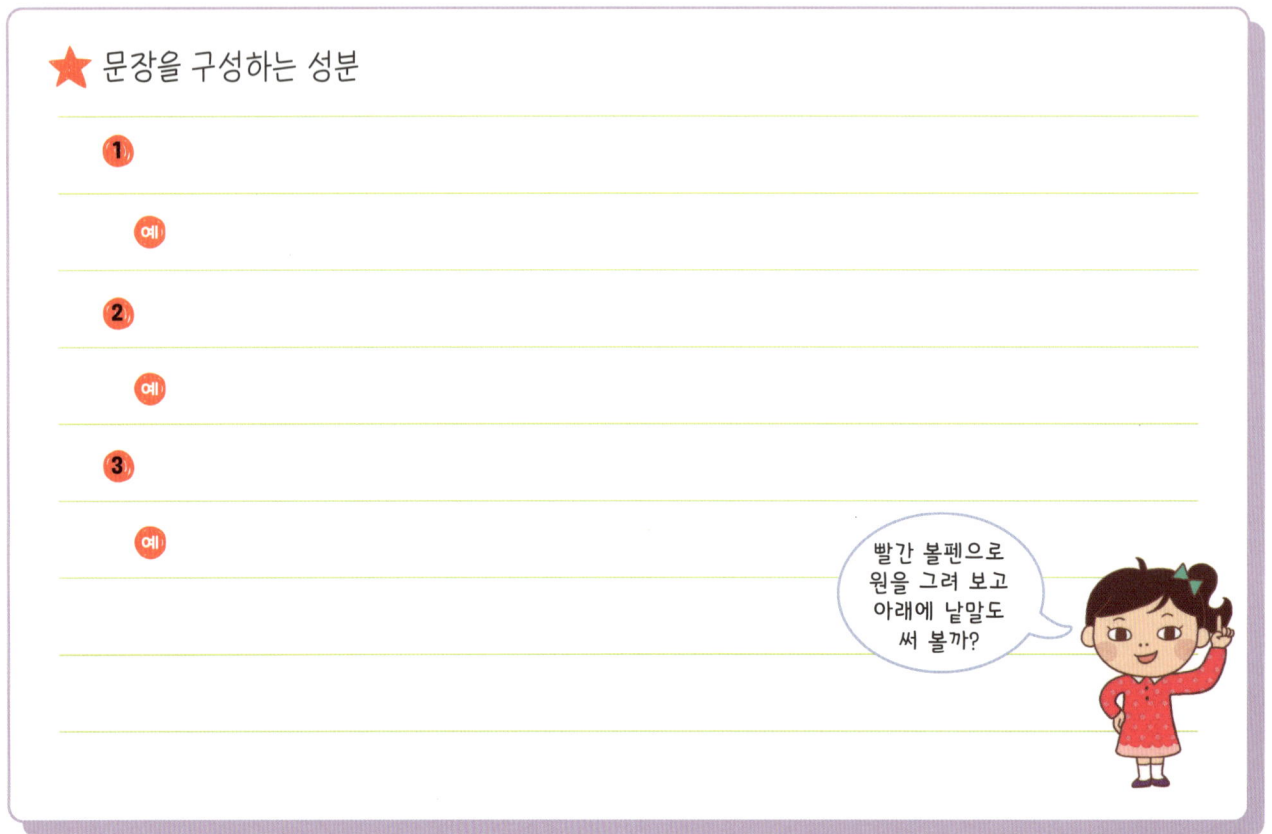

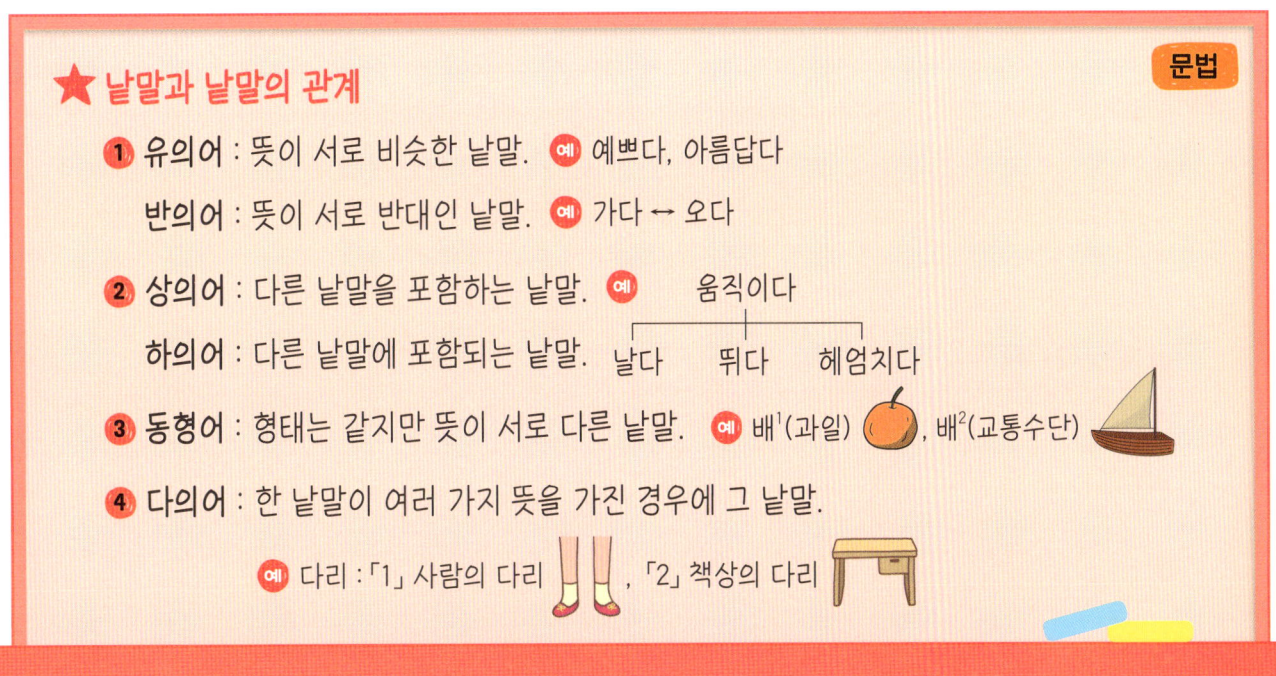

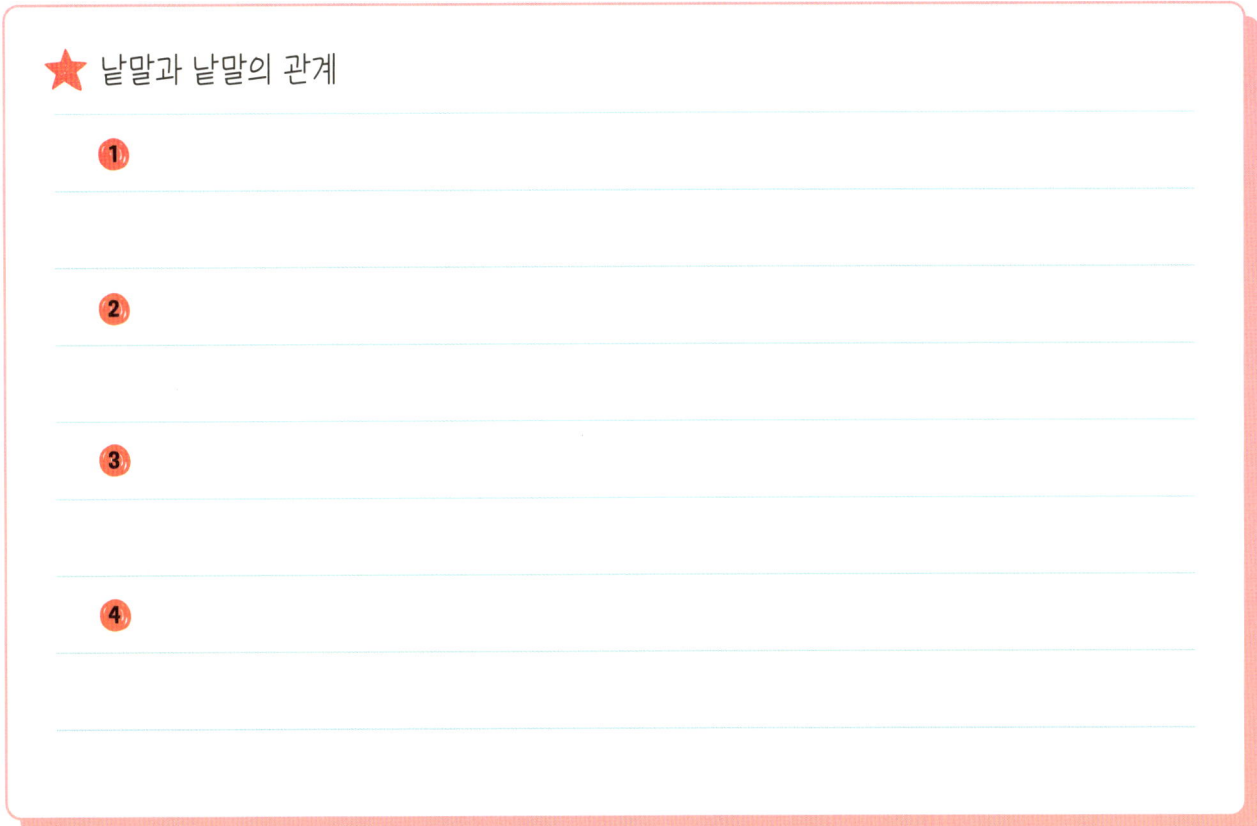

Day 15 수학 과목 요점 정리

✏️ 다음 요점을 아래 빈 공책에 따라 써 보세요.

★ **선분, 반직선, 직선**　　　　　　　　　　　　　　　　　도형

1. **선분** : 두 점을 곧게 이은 선.
   → 선분 ㄱㄴ 또는 선분 ㄴㄱ

2. **반직선** : 한 점에서 시작하여 한쪽으로 끝없이 늘인 곧은 선.
   → 반직선 ㄱㄴ

3. **직선** : 선분을 양쪽으로 끝없이 늘인 곧은 선.
   → 직선 ㄱㄴ 또는 직선 ㄴㄱ

★ 선분, 반직선, 직선

1.

2.

3.

글씨 쓴 날짜

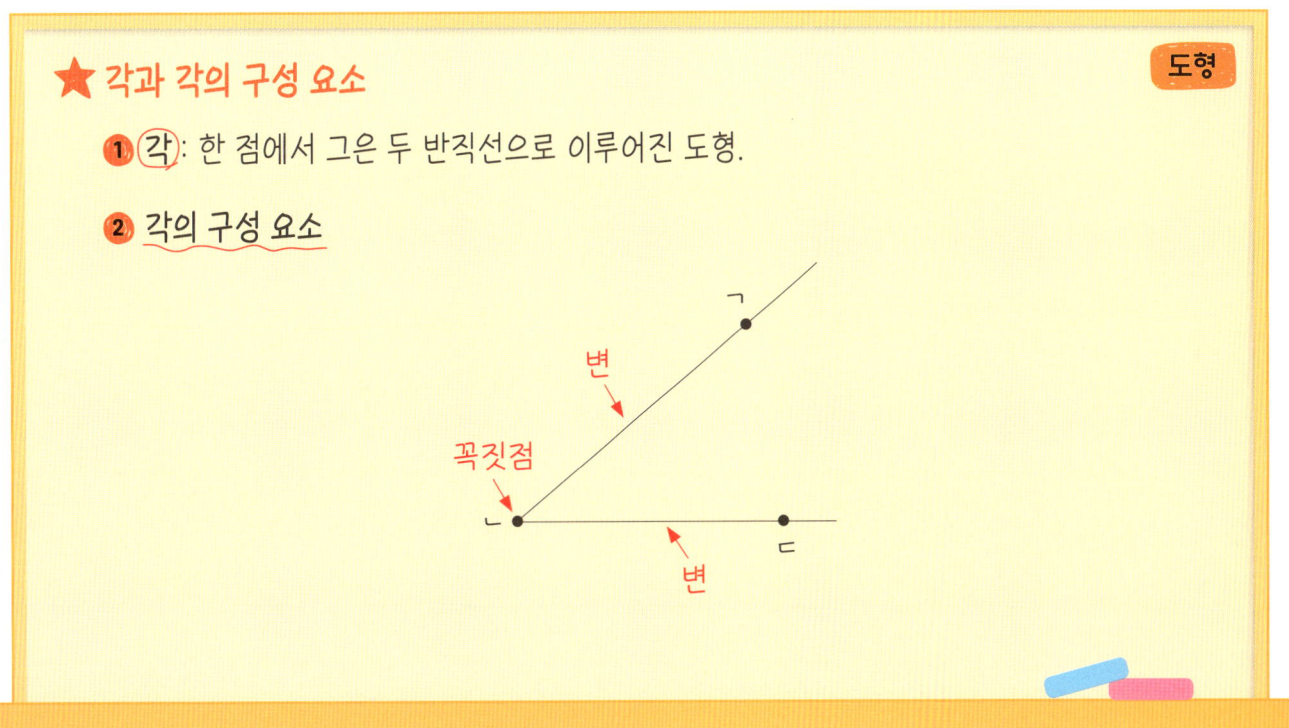

★ 각과 각의 구성 요소   도형

① 각: 한 점에서 그은 두 반직선으로 이루어진 도형.

② 각의 구성 요소

★ 각과 각의 구성 요소

① 각 :

② 각의 구성 요소

직접 자로 각을 그려 보고, 각의 구성 요소를 써 보자!

다음 요점을 아래 빈 공책에 따라 써 보세요.

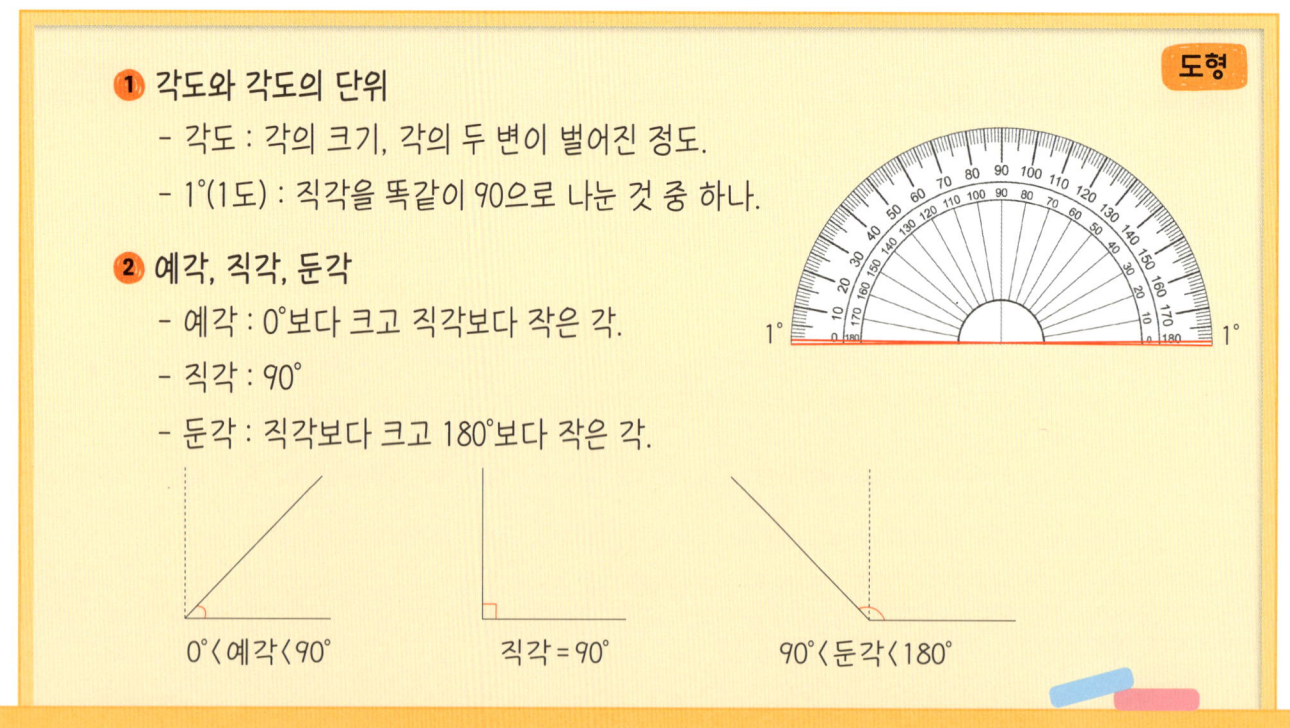

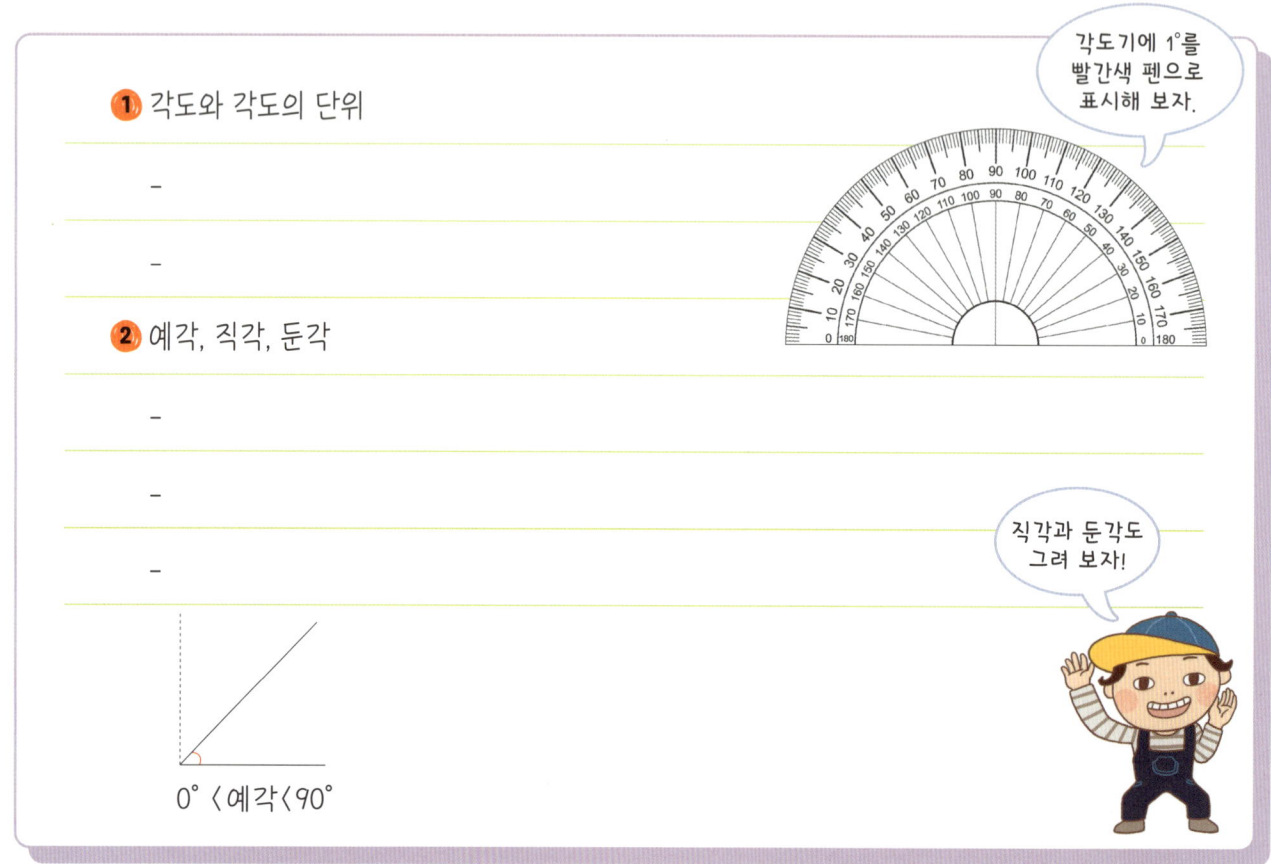

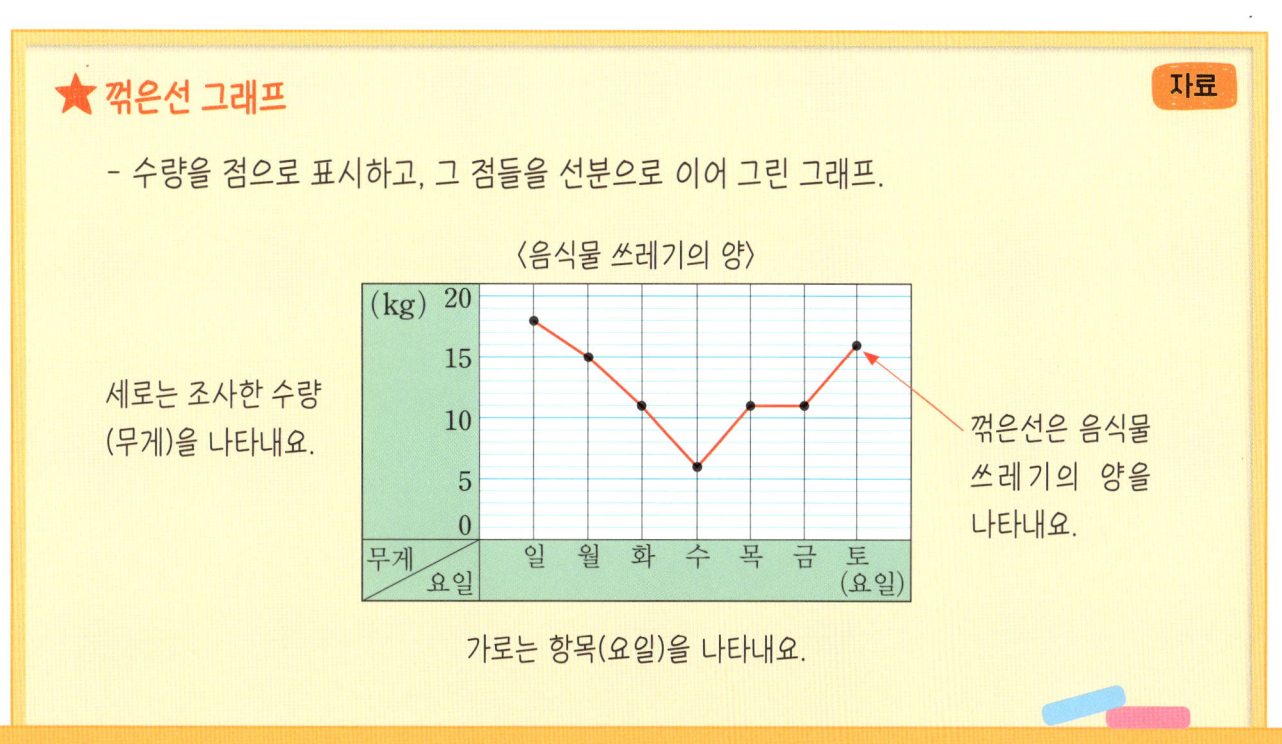

★ 꺾은선 그래프

- 수량을 점으로 표시하고, 그 점들을 선분으로 이어 그린 그래프.

세로는 조사한 수량 (무게)을 나타내요.

꺾은선은 음식물 쓰레기의 양을 나타내요.

가로는 항목(요일)을 나타내요.

★ 꺾은선 그래프

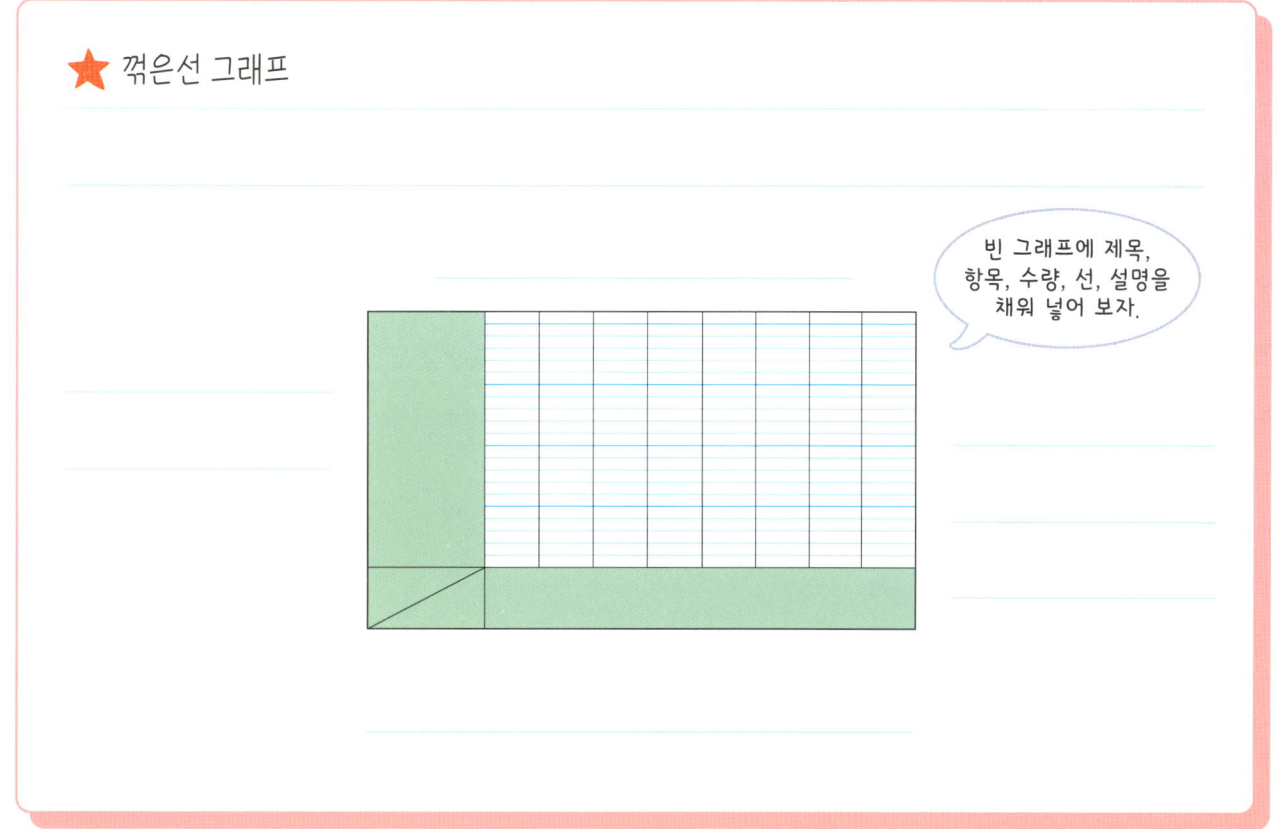

빈 그래프에 제목, 항목, 수량, 선, 설명을 채워 넣어 보자.

Day 16 과학 과목 요점 정리

다음 요점을 아래 빈 공책에 따라 써 보세요.

★ 물질의 세 가지 상태와 특징 화학

1. 고체 : 담는 그릇이 바뀌어도 모양과 부피가 일정한 물질의 상태.
   예) 나무, 철, 고무, 돌, 가죽, 종이, 플라스틱 등.

2. 액체 : 담는 그릇에 따라 모양은 변하지만 부피는 변하지 않는 물질의 상태.
   예) 물, 사이다, 우유, 주스 등.

3. 기체 : 담는 그릇에 따라 모양과 부피가 모두 변하는 물질의 상태.
   예) 축구공 속 공기, 타이어 속 공기 등.

★ 물질의 세 가지 상태와 특징

1.

2.

3.

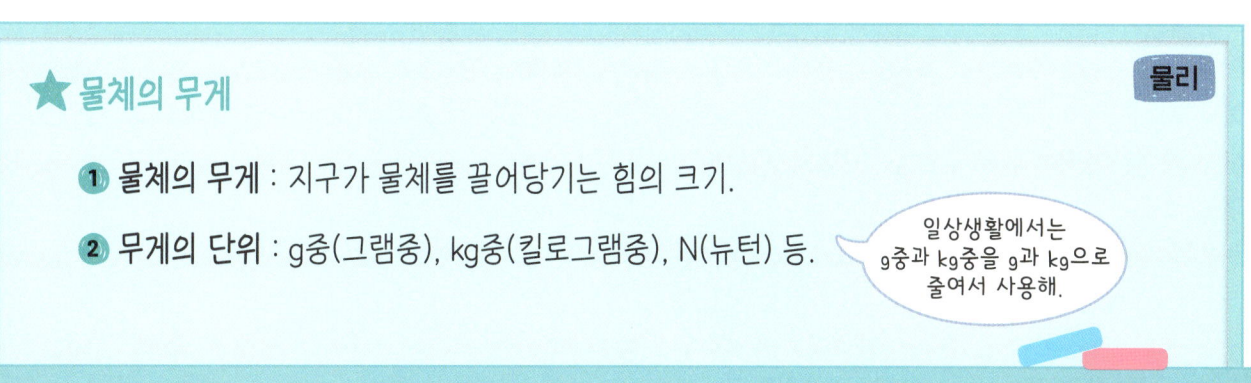

★ 물체의 무게

① **물체의 무게** : 지구가 물체를 끌어당기는 힘의 크기.

② **무게의 단위** : g중(그램중), kg중(킬로그램중), N(뉴턴) 등.

> 일상생활에서는 g중과 kg중을 g과 kg으로 줄여서 사용해.

★ 물체의 무게

①

②

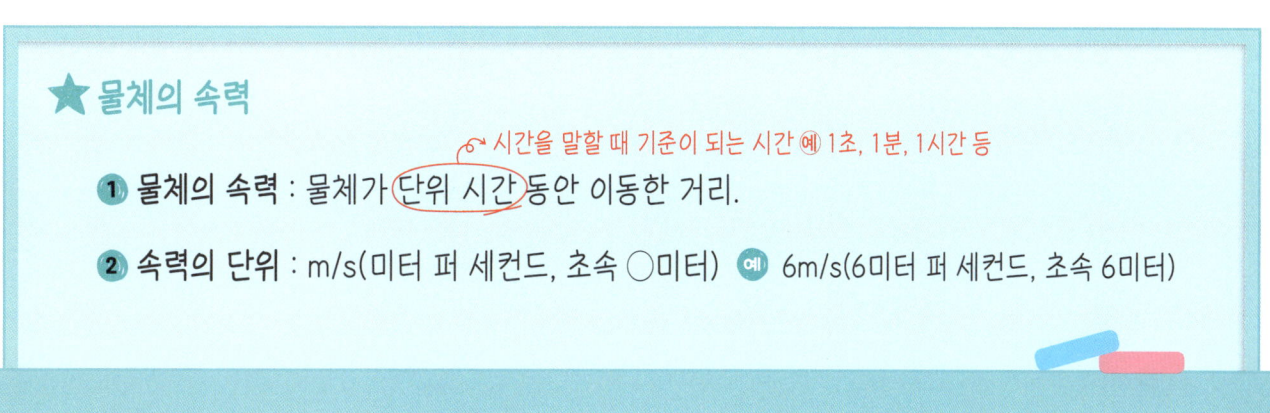

★ 물체의 속력

시간을 말할 때 기준이 되는 시간 예) 1초, 1분, 1시간 등

① **물체의 속력** : 물체가 단위 시간 동안 이동한 거리.

② **속력의 단위** : m/s(미터 퍼 세컨드, 초속 ○미터) 예) 6m/s(6미터 퍼 세컨드, 초속 6미터)

★ 물체의 속력

①

②

✏️ 다음 요점을 아래 빈 공책에 따라 써 보세요.

★ 지구와 달의 모습 비교   우주

1️⃣ 공통점 : 둥근 공 모양, 표면에 돌이 있음.

2️⃣ 차이점

	지구	달
바다의 모습	- 물, 생물이 있음. - 파랗게 보임.	- 물, 생물이 없음. - 어둡게 보임.
하늘의 모습	- 구름이 있고, 새가 날아다님. - 공기가 있음.	- 구름이 없고, 새가 날아다니지 않음. - 공기가 없음.

★ 지구와 달의 모습 비교

1️⃣ 공통점

2️⃣ 차이점

💬 이번에는 줄이 없는 공책에 써 보자! 지구와 달 모양도 그려 볼까?

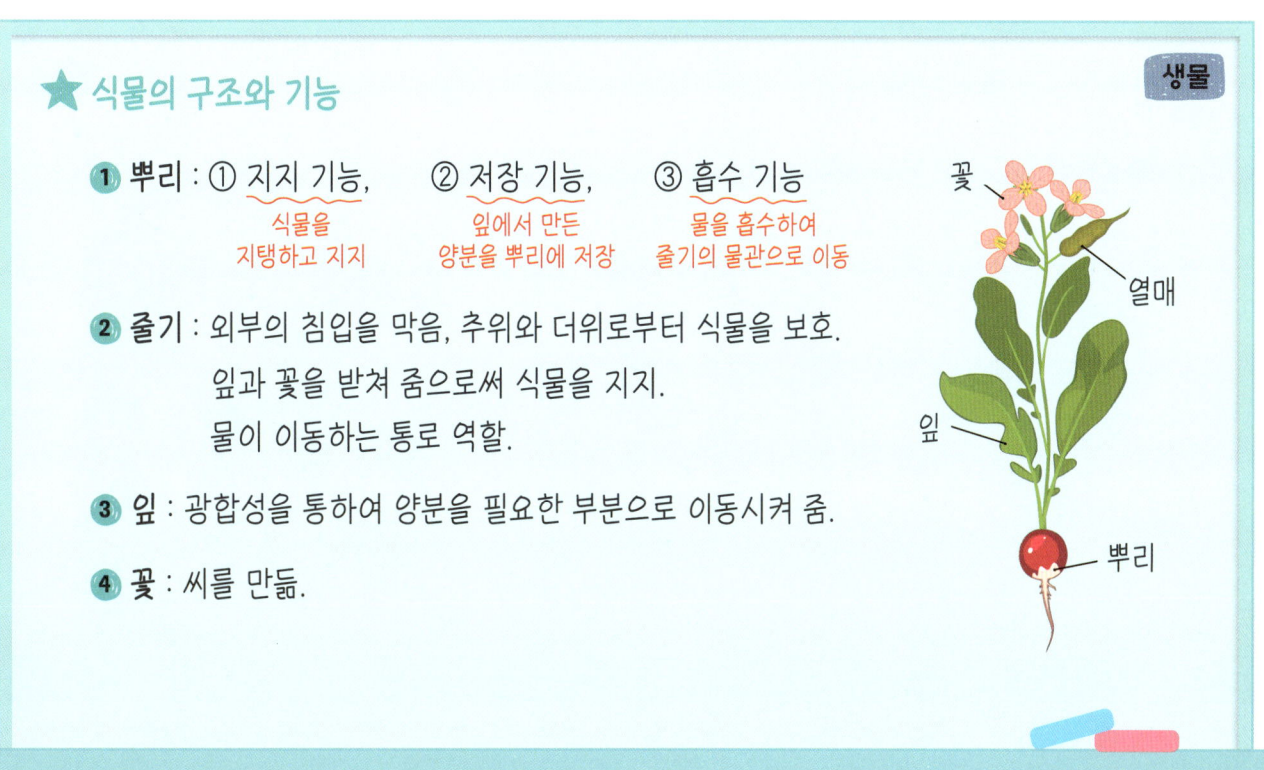

★ 식물의 구조와 기능

① 뿌리 : ① 지지 기능

　　　　　　식물을
　　　　　　지탱하고 지지

② 줄기 :

③ 잎 :

④ 꽃 :

사회 과목 요점 정리

🖍 다음 요점을 아래 빈 공책에 따라 써 보세요.

★ 민주주의의 뜻과 기본 정신

① 민주주의의 뜻 :

예)

②

★ 촌락과 도시의 생활 모습   [지리]

1. 촌락의 뜻과 특징
  - 뜻 : 농촌, 어촌, 산지촌처럼 자연환경을 주로 이용하여 살아가는 지역.
  - 특징 : 자연환경의 영향을 많이 받음 → 계절이나 날씨에 따라 생활 모습이 달라짐.

2. 도시의 뜻과 특징
  - 뜻 : 인구가 밀집해 있고 사회, 정치, 경제 활동의 중심이 되는 곳.
  - 특징 : ① 높은 건물이 많고, 이동하는 사람이 많음.
        ② 버스, 지하철과 같은 교통수단이 발달.

★ 촌락과 도시의 생활 모습

1. 촌락의 뜻과 특징

  - 뜻

  - 특징

2. 도시의 뜻과 특징

  - 뜻

  - 특징

✏️ 다음 요점을 아래 빈 공책에 따라 써 보세요.

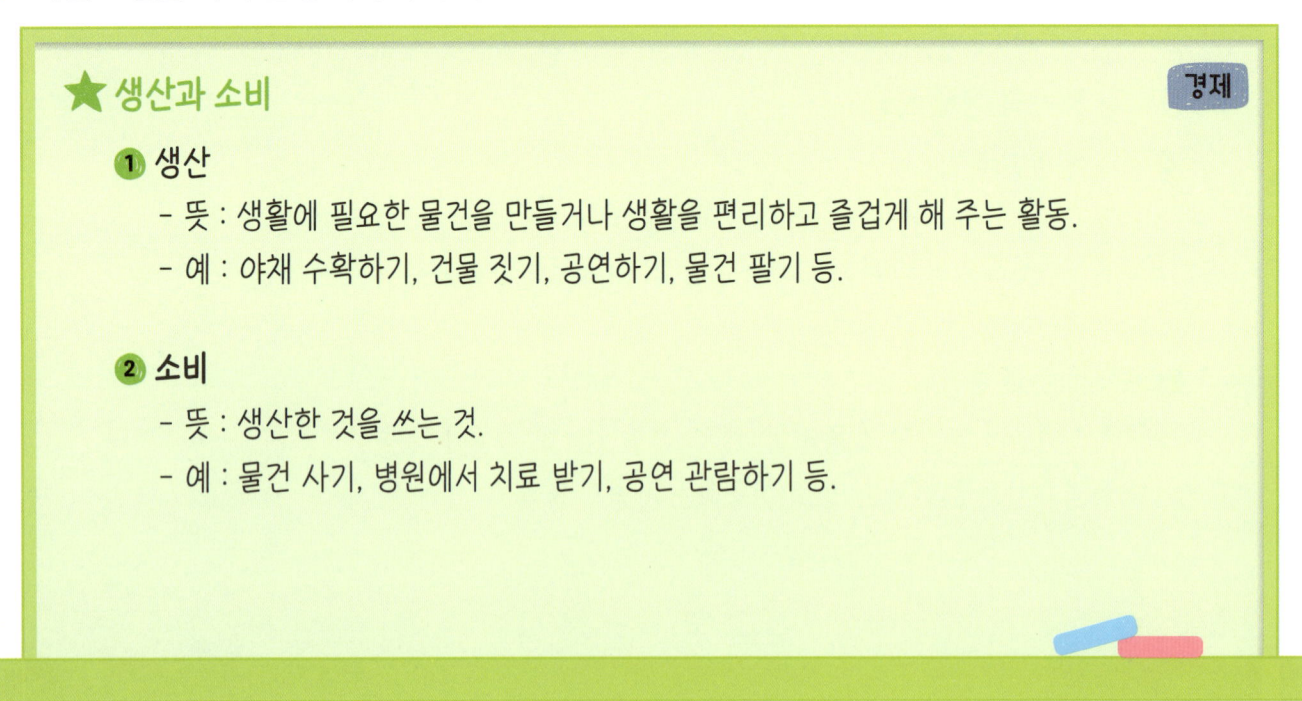

★ 생산과 소비   경제

1. 생산
   - 뜻 : 생활에 필요한 물건을 만들거나 생활을 편리하고 즐겁게 해 주는 활동.
   - 예 : 야채 수확하기, 건물 짓기, 공연하기, 물건 팔기 등.

2. 소비
   - 뜻 : 생산한 것을 쓰는 것.
   - 예 : 물건 사기, 병원에서 치료 받기, 공연 관람하기 등.

★

1.
   - 뜻 :
   - 예 :

2.

★ 오늘날 사회 변화의 모습　　　　　　　　　　　　사회문화

1. **저출산·고령화**
   - 저출산 : 태어나는 아이의 수가 줄어드는 현상.
   - 고령화 : 전체 인구에서 노인이 차지하는 비율이 높아지는 현상.

2. **정보화** : 사회가 발전해 나가는 데 정보가 중요한 자원이 되어 중심 역할을 담당하는 것.

3. **세계화** : 교통·통신 수단이 발달하면서 세계 여러 나라들이 다양한 분야에서 교류하고 가까워지는 것.

> 빨간 펜을 들고 중요한 부분에 칠판처럼 밑줄을 그어 보자. 형광펜도 좋아!

★

1.

2.

3.

Day 18 한국사 연표 정리

🖍 다음 한국사 연표를 오른쪽 빈 노트에 그대로 옮겨 써 보세요.

- **구석기 시대** (약 70만년 전)
- **신석기 시대** (기원전 8000년 경)
- **청동기 시대** (기원전 2000년 경)
- **철기 시대** (기원전 5세기 경)
- **삼국 시대**
  - ▶ 신라 건국 (기원전 57년)
  - ▶ 고구려 건국 (기원전 37년)
  - ▶ 백제 건국 (기원전 18년)

  각국의 전성기
  - 4세기 - 백제 근초고왕
  - 5세기 - 고구려 광개토 대왕
  - 6세기 - 신라 진흥왕

  신라의 삼국 통일 (676년)

- **통일 신라 시대**
- **남북국 시대**

  발해 건국과 멸망 (698년~926년)

- **고려 시대**
  - ▶ 태조 왕건, 고려 건국 (918년)

  주요 사건
  - 강감찬의 귀주 대첩 (1019년)
  - 윤관의 여진 정벌 (1107년)
  - 무신 정변 (1170년), 몽골 침입 (1231년)

- **조선 전기**
  - ▶ 태조 이성계, 조선 건국 (1392년)

  주요 사건
  - 세종: 훈민정음 창제, 과학 기구의 발명
  - 임진왜란 (1592년~1598년)
  - 병자호란 (1636년)

글씨 쓴 날짜

월   일   확인

📝 다음 한국사 연표를 오른쪽 빈 노트에 그대로 옮겨 써 보세요.

조선 후기 → 영조, 정조 : 탕평책 실시

근대 개화기 → 주요 사건
- 흥선대원군 집권(1863년~1873년)
- 강화도 조약(1876년)
- 동학 농민 운동, 갑오개혁, 을미개혁 (1894년~1895년)

대한 제국 선포 (1897년)

일제 강점기 → 주요 사건
- 국권 피탈(1910년)
- 3·1 운동(1919년)
- 대한민국 임시 정부 수립(1919년)

대한민국 → 주요 사건
- 8·15 광복(1945년)
- 대한민국 정부 수립(1948년)
- 6·25 전쟁(1950년)
- 4·19 혁명(1960년), 5·16 군사 정변(1961년)
- 5·18 민주화 운동(1980년)

쉬어가기 글씨 쓰기에 도움이 되는 스트레칭을 따라 해 보세요.

허리 스트레칭
손깍지 끼고 몸 늘이기

어깨 너비로 다리를 벌린 후,
손깍지를 끼고 위로 팔을 쭉 뻗어 주세요.
최대한 옆으로 기울이며, 옆구리를 늘여 줍니다.
늘인 상태에서 10초 동안 유지해 주세요. 반대편도 똑같이 늘여 줘요.
왼쪽, 오른쪽 5번씩 반복해요

쭉쭉 허리를 늘여 주자! 덤으로 키도 커질 거야!

Memo

5단원

실전 돌입!
일상생활 속 글씨 쓰기

마지막 단원이야.
끝까지 포기하지 말고
화이팅!!

학습 내용

여러분, 이제 글씨 쓰기에 자신감이 붙었나요? 여러분의 글씨가 조금씩 나아지고 있지요? 이제부터는 일상생활 속에서 접하는 다양한 글을 써 볼 거예요. 실전 단계 돌입!

여러분이 자주 쓰는 편지, 알림장, 용돈 기입장 등을 쓰면서 글씨 연습을 하는 거예요. 스스로 쓰는 힘, 여러분이 이번 단원에서 마지막으로 꼭 얻어 가야 한답니다.

학습 목차

- **Day19** 이름표, 메모지 쓰기
- **Day20** 카드, 편지, 편지 봉투 쓰기
- **Day21** 알림장, 용돈 기입장 쓰기
- **Day22** 독서 기록장, 독서 감상문 쓰기
- **Day23** 생활 계획표, 다이어리 쓰기

Day 19 이름표, 메모지 쓰기

🖍️ 이름표는 물건의 주인이 나라는 것을 알리기 위해서 써요. 당연히 다른 사람들이 잘 알아볼 수 있게 또박또박 바르게 써야겠죠? 아래 이름표에 내 이름을 써 보세요.

🖍️ 시험지에도 이름을 쓰는 칸이 있는 것 잘 알고 있죠? 시험지에 반, 번호, 이름을 정확하게 써 보세요.

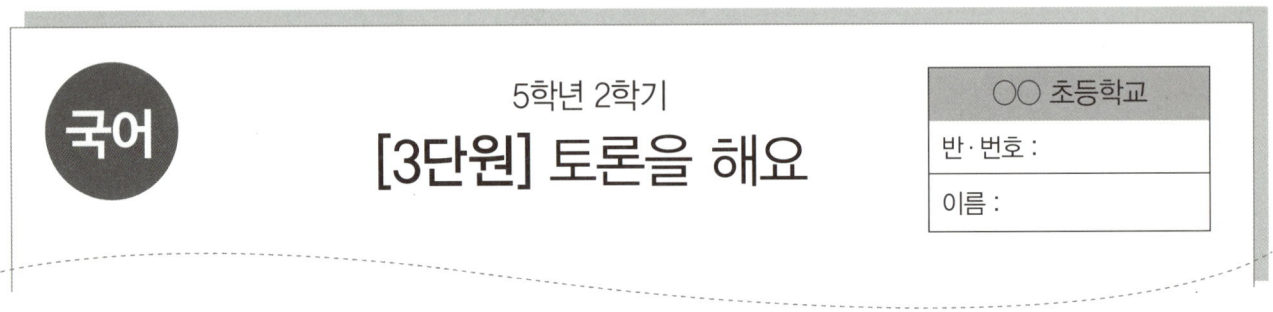

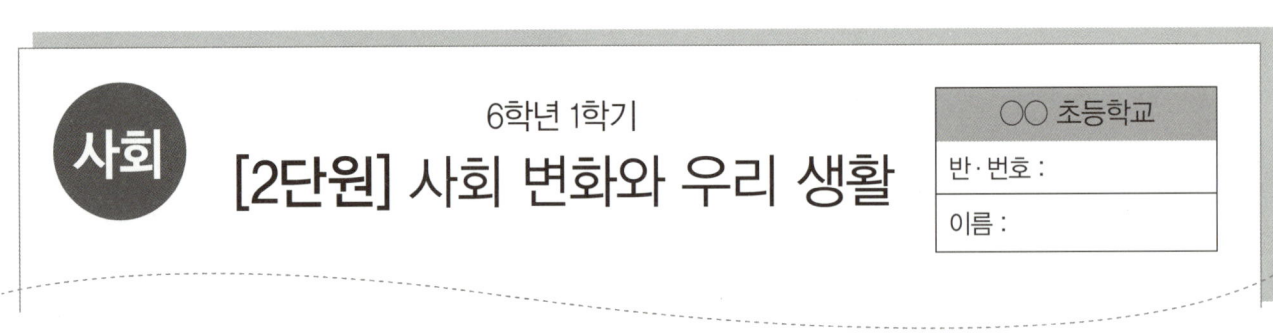

 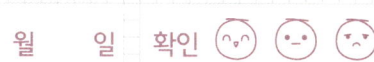

✏️ 소중한 내 물건에 이름을 써 보세요.

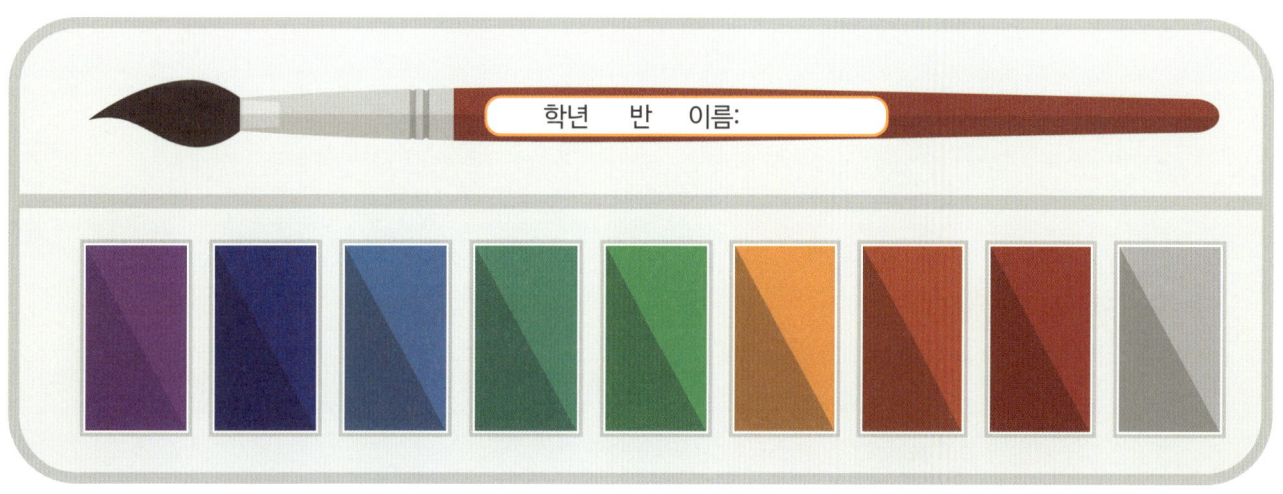

📝 메모를 쓸 때는 상대방이 잘 알아볼 수 있도록 써야 해요. 물론 내가 기억을 하기 위해서 쓰는 경우에도 마찬가지지요. 다음 메모를 따라 써 보세요.

다미야,
수업 끝나고
떡볶이 먹으러 가자!
　　　　　-진우-

엄마,
저 민영이랑 집 앞
놀이터에서 한 시간만
놀고 올게요!
　　　　　-선영-

글씨 잘 쓰는 꿀팁!

엄마,
저 민영이랑 집 앞 놀이터에서
한 시간만 놀고 올게요!
　(같은 간격)

앞에서 문장을 쓸 때 알맞은 간격으로 띄어 써야 한다고 했어요. 여러 문장을 줄이 없는 공책, 메모지에 쓸 때도 마찬가지예요. 줄과 줄 사이를 같은 간격으로 띄어 써야 한답니다.

사야 할 것

- ☐ 감자, 고구마, 대파
- ☐ 생닭 2마리
- ☐ 콜라 1.5L
- ☐ 감자칩 과자 허니치즈맛
- ☐ 음식물 쓰레기 봉투

사야 할 것

- ☐
- ☐
- ☐
- ☐
- ☐

오늘 할 일

- ☐ 도화지, 물감, 붓 챙기기
- ☐ 수학 숙제하기
- ☐ 일기 쓰기
- ☐ 알림장 공책 사기
- ☐ 앞구르기 10번 연습

오늘 할 일

- ☐
- ☐
- ☐
- ☐
- ☐

Day 20 카드, 편지, 편지 봉투 쓰기

카드와 편지를 쓸 때 반듯한 글씨로 써야 받는 사람도 기분이 좋겠죠? 아래 생일 축하 카드를 오른쪽 카드에 따라 써 보세요.

친구 민우에게
열한 번째 생일 정말 축하해!
방학 동안에도
자주 만나서 축구하자!

-혜성이가-

글씨 쓴 날짜

월   일   확인

여러분의 소중한 사람에게 편지를 써 보세요.

✏️ 카드와 편지를 보내려면 봉투에 받는 사람의 주소를 써야 해요. 봉투에 주소를 잘못 쓰면 편지가 다른 사람에게 전달될 수 있으니 주의하며 써 보세요.

보내는 사람 이경아
서울시 마포구 월드컵로 35길 68
길벗초등학교 3학년 1반

받는 사람 신하은
서울시 은평구 29로 123-4
우리멘션 2층 202호

우 표

보내는 사람 _____

받는 사람 _____

우 표

> 여러분이 보내고 싶은 사람의 주소를 알아보고 써도 좋아요!

Day 21 알림장, 용돈 기입장 쓰기

알림장에는 선생님께서 내 주신 숙제나 준비물 등을 써요. 무엇을 해야 하고, 무엇을 챙겨야 하는지 확인하기 위해서는 반듯한 글씨로 알림장을 써야 해요. 아래 친구가 쓴 알림장을 따라 써 보세요.

날짜	2019년 6월 13일 토요일	메모	사이좋게 지내자	확인
1. 교과서 챙겨 오기, 꼭!				
2. 받아쓰기 6급 공부해 오기.				
3. 도서관에서 책 많이 빌려 읽기.				
- 이번 달 독서왕이 되어 보자!				
4. 학부모 설문지 꼭 받아 오기.				

날짜	년 월 일 요일	메모		확인

글씨 쓴 날짜

월　　일　확인

✏️ 여러분이 어제와 오늘 써 온 알림장을 또박또박 다시 써 보세요.

날짜	년　월　일　요일	메모		확인

날짜	년　월　일　요일	메모		확인

고학년 바른 글씨 115

용돈 기입장을 쓰면 내가 돈을 어떻게 쓰고 있는지 알 수 있어요. 용돈 기입장을 쓸 때 돈을 어디에 얼마를 썼는지, 얼마가 남았는지 명확히 알 수 있게 써야 해요. 친구의 용돈 기입장을 따라 써 보세요.

날짜	내용	들어온 돈	나간 돈	남은 금액
3/16	부모님께 용돈 받음	10000원		10000원
3/17	엄마 심부름 값	2000원		12000원
	떡볶이		3000원	9000원
3/18	공책 다섯 권		4500원	4500원
3/20	아이스크림		1200원	3300원

날짜	내용	들어온 돈	나간 돈	남은 금액

✏️ 여러분의 이번 달 용돈 기입장을 써 보세요.

날짜	내용	들어온 돈	나간 돈	남은 금액

나는 이번 달에 용돈을 어떻게 썼는지 한번 알아볼까?

Day 22 독서 기록장, 독서 감상문 쓰기

독서 기록장은 내가 읽은 책이 무엇인지 기록하기 위해서 써요. 책 제목, 저자, 출판사 등 간단한 내용만 적거나, 생각과 느낌을 2~3줄 정도 쓰기도 해요. 친구가 쓴 독서 기록장을 따라 써 보세요.

번호	책 제목	저자	출판사
1	안네의 일기	안네 프랑크	○○출판사
2	흥부와 놀부	전래동화	○○출판사
3	아낌 없이 주는 나무	셀 실버스타인	○○출판사
4	그래서 이런 한국사가 생겼대요	우리누리	길벗스쿨
5			

번호	책 제목	저자	출판사

· 글씨 쓴 날짜

월   일   확인

읽은 날짜	2019년 8월 20일	지은이	없음(전래동화)
책 제목	소가 된 게으름뱅이	출판사	○○ 출판사
생각과 느낌	이 책은 밥 먹고 게으름만 피우다가 소로 변한 한 남자의 이야기이다. 나도 저녁밥을 먹고 나면 소파에 누워 TV만 보는데 앞으로는 게으름 피우지 말고 설거지랑 청소를 해서 부모님을 도와드려야겠다.		

읽은 날짜		지은이	
책 제목		출판사	
생각과 느낌			

기억에 남는 책이나 최근에 읽은 책의 독서 감상문을 써 보세요.

읽은 날짜		지은이	
책 제목		출판사	
줄거리			
생각과 느낌			

읽은 날짜		지은이	
책 제목		출판사	

줄거리	
생각과 느낌	

생활 계획표, 다이어리 쓰기

🖍 새학기나 방학이 시작될 때 알찬 생활을 위해서 생활 계획표를 만들어요. 친구가 만든 생활 계획표를 참고하여 여러분의 생활 계획표를 만들어 보세요.

💬 생활 계획표에 계획한 일을 작성할 때는 원 안에 그 내용이 잘 들어가야 하기 때문에 글씨와 문장 모양에 더 신경 쓰며 써야 해.

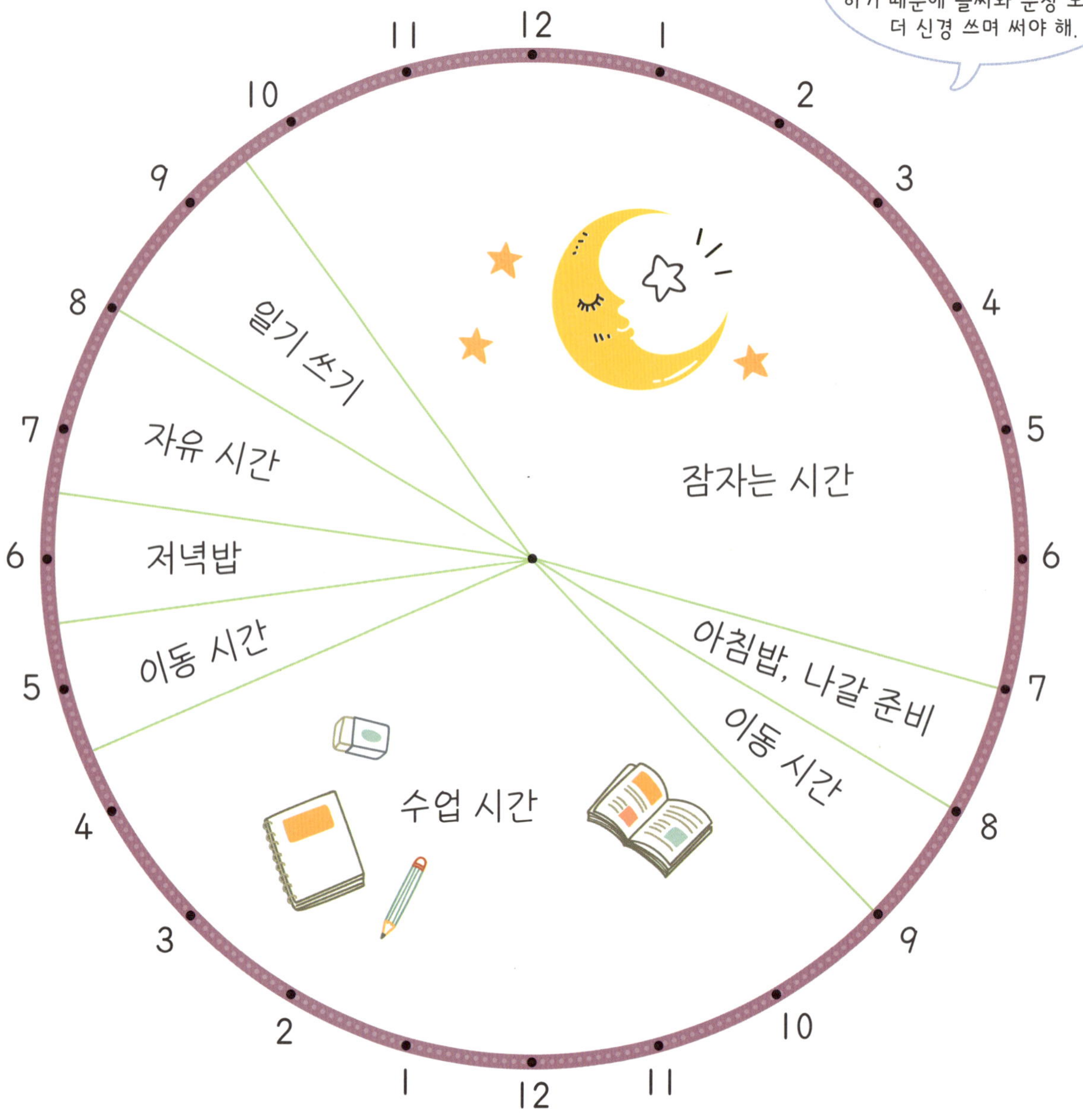

일기 쓰기
자유 시간
저녁밥
이동 시간
수업 시간
아침밥, 나갈 준비
이동 시간
잠자는 시간

글씨 잘 쓰는 꿀팁!

생활 계획표를 짤 때는 30분 또는 한 시간 단위로 할 일을 계획하면 편해요. 처음부터 무리한 계획을 짜는 것보다 내가 실천할 수 있는 계획을 세우는 것이 중요하답니다.

글씨 쓴 날짜

월   일   확인

너희들은 어떤
하루하루를 보내고 싶니?
멋진 계획표를 만들어 봐.

고학년 바른 글씨 **123**

다이어리는 날짜별로 간단한 메모를 하기 위해서 써요. 다이어리에 메모를 잘해 놓으면 중요한 일을 잊어버리지 않을 수 있어요. 친구가 쓴 다이어리를 참고하여 여러분의 이번 달 다이어리를 써 보세요.

3월

일요일	월요일	화요일	수요일	목요일	금요일	토요일
	1 삼일절	2 개학	3	4	5	6
7	8	9	10	11	12 태권도 승급 심사	13
14	15 아빠 생신★	16	17	18	19	20
21	22	23	24	25	26	27 친구들과 놀이공원
28	29	30	31			

✔ **기억해야 할 일**

☐ 아빠 생신 선물 사기

☐ 태권도 승급 심사 준비하기, 태권도 열심히 하기

☐ 새 학기 노트 사기

_____월

일요일	월요일	화요일	수요일	목요일	금요일	토요일

✔ 기억해야 할 일

☐ _____
☐ _____
☐

학습 계획표

Day 01	Day 02	Day 03	Day 04	Day 05
선 긋기 연습하기	순서에 맞게 자음 쓰기	순서에 맞게 모음 쓰기	숫자, 연산 기호 쓰기	알파벳, 단위 쓰기
★ 18~21쪽 ★	★ 22~25쪽 ★	★ 26~29쪽 ★	★ 30~33쪽 ★	★ 34~37쪽 ★
월 일	월 일	월 일	월 일	월 일

Day 06	Day 07	Day 08	Day 09	Day 10
받침이 없는 글자 모양에 맞게 쓰기	받침이 있는 글자 모양에 맞게 쓰기	모양에 맞게 글씨 쓰기 연습 1	모양에 맞게 글씨 쓰기 연습 2	문장 바르게 쓰기 ①, ②
★ 42~45쪽 ★	★ 46~49쪽 ★	★ 50~53쪽 ★	★ 54~57쪽 ★	★ 62~65쪽 ★
월 일	월 일	월 일	월 일	월 일

Day 11	Day 12	Day 13	Day 14	Day 15
문장 바르게 쓰기 ③, ④	문장 쓰기 연습 1	문장 쓰기 연습 2	국어 과목 요점 정리	수학 과목 요점 정리
★ 66~69쪽 ★	★ 70~73쪽 ★	★ 74~77쪽 ★	★ 82~85쪽 ★	★ 86~89쪽 ★
월 일	월 일	월 일	월 일	월 일

Day 16	Day 17	Day 18	Day 19	Day 20
과학 과목 요점 정리	사회 과목 요점 정리	한국사 연표 정리	이름표, 메모지 쓰기	카드, 편지, 편지 봉투 쓰기
★ 90~93쪽 ★	★ 94~97쪽 ★	★ 98~101쪽 ★	★ 106~109쪽 ★	★ 110~113쪽 ★
월 일	월 일	월 일	월 일	월 일

Day 21	Day 22	Day 23		
알림장, 용돈 기입장 쓰기	독서 기록장, 독서 감상문 쓰기	생활 계획표, 다이어리 쓰기		내일은 글씨왕!
★ 114~117쪽 ★	★ 118~121쪽 ★	★ 122~125쪽 ★		
월 일	월 일	월 일		

기적의 학습서, 제대로 경험하고 싶다면?
학습단에 참여하세요!

꾸준한 학습!
풀다 만 문제집만 수두룩? 기적의 학습서는 스케줄 관리를 통해 꾸준한 학습을 가능케 합니다.

푸짐한 선물!
학습단에 참여하여 꾸준히 공부만 해도 상품권, 기프티콘 등 칭찬 선물이 쏟아집니다.

알찬 학습 팁!
엄마표 학습의 고수가 알려주는 학습 팁과 노하우로 나날이 발전된 홈스쿨링이 가능합니다.

길벗스쿨 공식 카페 〈기적의 공부방〉에서 확인하세요.
http://cafe.naver.com/gilbutschool